MANAGER AUJOURD'HUI

LES 25 NOUVELLES TENDANCES

Bertrand **JOUVENOT**
Préface de Frédéric **MAZZELLA**

MANAGER AUJOURD'HUI

LES 25 NOUVELLES TENDANCES

Pour toute information sur notre fonds et les nouveautés dans votre domaine de spécialisation, consultez notre site web : **www.deboecksuperieur.com**

Les illustrations sont de © Christel Han (https://www.bananako.fr)

Rue du Bosquet, 7 - B-1348 Louvain-la-Neuve

Dépôt légal :
Bibliothèque nationale, Paris : septembre 2022
Bibliothèque royale de Belgique, Bruxelles : 2022/13647/097

ISBN 978-2-8073-4089-3

SOMMAiRE

Partie 3 – Repenser le management

Partie 4 – Réinventer le management

Partie 5 – Réenchanter le management

Préface

Manager, c'est gérer le futur, dans le présent. C'est un peu jouer l'équilibriste... Il faut aligner son équipe sur la vision long terme de l'entreprise tout en gérant le quotidien et en étant très à l'écoute des changements qui s'opèrent en continu autour de soi, à l'intérieur comme à l'extérieur de l'entreprise. Par définition, le présent n'est jamais figé. Avec l'avènement des technologies, la vitesse avec laquelle le présent se modifie s'est même accélérée. Le manager, lui, a dû suivre, s'adapter, se métamorphoser. À elle seule, la position hiérarchique ne garantit plus au manager sa capacité d'impliquer une équipe. Le manager ne peut plus non plus avoir pour mission de « contrôler », de « donner des ordres », il doit aujourd'hui inspirer autant par sa clairvoyance que par son humanité.

On jette encore facilement la pierre à des managers pour leur manque de « leadership », mais plus pour les mêmes raisons. Inspirer quelqu'un aujourd'hui c'est lui inspirer confiance. Cependant de façon générale en entreprise, on a parfois confondu confiance et transparence. En effet, on s'est méfié, souvent à raison, des entreprises trop opaques. Alors pour compenser on s'est empressé d'utiliser massivement les multiples nouveaux outils de communication et de partage d'information, et les réseaux sociaux. On peut maintenant accéder à l'information partout et tout le temps. On en reçoit également à chaque instant. Mais a-t-on alors le temps de les digérer ? En entreprise, on a parfois cru que la diffusion d'information était une fin en soi, et qu'elle allait induire la collaboration et la confiance.

Parce qu'il est devenu technologiquement possible de recevoir 100 mails par jour, d'enchaîner les visioconférences sans coupure tout en dialoguant en même temps sur une messagerie interne et en parcourant un document mis à jour en temps réel par nos collègues, on a fait du manager un gestionnaire d'informations instantanées, un « infobèse ». Nous sommes tombés dans la sur-communication. Aujourd'hui, un employé perd en moyenne 25 minutes par jour à « repêcher » des informations au milieu du flux continu qui lui parvient.

Mais heureusement, la confiance transcende la communication, et même l'information.

Je dois avouer que la construction de confiance est mon sujet favori, car la confiance est le socle de la collaboration. Construire BlaBlaCar, c'était avant tout construire de la confiance entre des personnes qui ne s'étaient jamais rencontrées, de manière à ce qu'elles décident de voyager ensemble. Comment y sommes-nous parvenus ? En identifiant 6 fondamentaux, nous avons élaboré un modèle qui structure la confiance dans la communauté du covoiturage : déclarées, notées, engagées, actives, modérées, reliées, voilà comment sont catégorisées les informations circulant sur BlaBlaCar. Grâce à cette nouvelle confiance, le réseau rassemble aujourd'hui plus de 100 millions de covoitureuses et de covoitureurs, dans 22 pays.

En entreprise, c'est la même chose ! Il faut identifier et catégoriser les informations pour structurer la confiance. Si j'osais, j'avancerais même que les piliers de la confiance en entreprise sont les mêmes que ceux du covoiturage. En tous cas, une chose est sûre : le manager doit responsabiliser, en créant un cadre dans lequel chaque collaborateur est force de proposition. Pour cela, il doit faire vivre les valeurs de l'entreprise et les transmettre à ses équipes afin que les décisions ne se fassent plus en suivant un process imposé en sens unique, mais sur la base de valeurs et visions communes, discutées et validées ensemble.

Le but ? Faire adhérer l'équipe à l'ensemble de la démarche et augmenter ses chances de réussite. Quoi de plus responsabilisant que d'obtenir le pouvoir de traduire des principes en action ?

Voltaire, Churchill ou encore Spider-Man s'entendent pour dire qu'« Un grand pouvoir implique de grandes responsabilités ». Le manager s'émancipe, il n'est plus une simple figure d'autorité et il comprend qu'il doit détacher du temps pour l'humain. Alors son pouvoir et son impact grandissent jusqu'à le rapprocher de plus en plus de la figure de l'entrepreneur. Rien ne me fait donc plus plaisir que de voir notre monde évoluer vers l'avènement des managers-entrepreneurs, responsabilisés et responsabilisants, et qui construisent des équipes soudées avec lesquelles ils partagent les rênes de la construction de l'avenir de l'entreprise, et de notre société.

Frédéric Mazzella
Président – Fondateur de BlaBlaCar

Introduction

Le management a pris une place considérable dans le travail et dans nos entreprises, qu'elles soient publiques ou privées. Le mot peut d'ailleurs recouvrir des réalités bien différentes. Ne parle-t-on pas de management des affaires, de management de l'entreprise, de management des hommes, de management d'équipes, de management de projet, de management de l'innovation, de management de crise, de management agile, etc. Et n'avons-nous pas tous un responsable hiérarchique ?

Né il y a près de 150 ans, le management a accompagné la révolution industrielle puis s'est considérablement développé avec le secteur tertiaire. Il est devenu une fonction de l'entreprise, une pratique professionnelle, une compétence, voire un métier à part entière. En parallèle, il s'est épanoui dans le monde académique, devenant une science[1] et un domaine de prédilection des meilleurs centres de recherche[2], et figure aux programmes de cycles d'études supérieures. Depuis quelques décennies, il accélère aussi sa percée dans de nouvelles sphères telles que les associations[3], les ONG, la santé, l'éducation, l'administration. La notion d'État manager a même vu le jour…[4]

LA GENÈSE DU MANAGEMENT

Avant d'acquérir ses lettres de noblesse, le management a émergé très progressivement, sous l'influence de trois courants :

- La science économique – la notion apparaît chez Jean-Baptiste Say[5] puis chez Adam Smith[6], le père de l'économie moderne. On la retrouve ensuite chez une succession d'économistes marquants (Karl Marx[7], Joseph Schumpeter[8], John Kenneth Galbraith[9], Milton Friedman[10]...) ainsi que chez plusieurs prix Nobel : Herbert Simon[11], Ronald Coase[12], Oliver Williamson[13], Jean Tirole[14]. Au début, le terme de management n'est pas employé mais mentionné sous d'autres vocables (administration de l'entreprise, organisation du travail, gestion des affaires, direction...). Il ne constitue pas encore un sujet majeur et est le plus souvent rattaché à la thématique plus générale du travail.
- La sociologie – le management figure déjà chez Max Weber[15], l'un des pères de la sociologie et s'affirme comme un sujet à part entière au sein de cette discipline[16] avec Elton Mayo[17]. Il sera plus tard abordé par des auteurs comme Michel Crozier[18] ou Philippe D'Iribarne[19].
- La théorie des organisations – à la croisée de l'économie et de la sociologie, la disciple s'intéressera au management grâce à des pionniers tels que Ronald Coase ou James March, suivis par de talentueux disciples[20].

LA CONSOLIDATION DU MANAGEMENT

Le management est devenu avec le temps un domaine de recherche et d'étude à part entière. La discipline s'est affirmée après-guerre grâce à quelques pionniers[21] puis surtout sous l'impulsion d'auteurs tels qu'Alfred Chandler[22], Peter Drucker[23], Henry Mintzberg[24], William Edwards Deming[25], Rosabeth Moss Kanter[26]... Particulièrement dynamique, le management s'est développé en multiples ramifications avec des auteurs de grande qualité, souvent très spécialisés : la conduite du changement (John Kotter), les ressources humaines (Dave Ulrich), la transformation des organisations (Rita McGrath), l'entreprise apprenante (Peter Senge), le stress (Robert Karasek), la motivation (Daniel Pink), la performance des équipes (Patrick Lencioni[27]), les talents de chacun (Marcus Buckingham[28]), la sécurité psychologique au travail (Amy Edmondson[29]), le management interculturel (Erin Meyer), l'intelligence collective (Liz Wiseman), les générations dans le monde du travail (Jean M. Twenge)... pour n'en citer que quelques-uns[30]. Avec le temps, le management a réellement engendré un corpus d'un volume considérable et d'une qualité insoupçonnée, par le grand public.

En France, la littérature managériale a pris une tournure originale. Dans le monde académique, le management s'est surtout réfugié au sein de la théorie des organisations[31] et développé à travers des courants sociologique[32] ou historique[33] parfois très critiques. Sur le plan pratique, des livres davantage destinés aux managers qu'aux dirigeants se multiplient. Et, plus inattendue, une voie nouvelle mêlant la psychologie, les neurosciences[34], le développement personnel, le bien-être et même la spiritualité ou la philosophie voit le jour[35].

LES PARTICULARITÉS DU MANAGEMENT

En management, la théorie et la pratique semblent indissociables depuis toujours puisque le management comme discipline se voit constamment enrichi par les contributions non plus seulement de théoriciens mais aussi de praticiens sous forme de témoignages, de conférences[36] ou de livres parfois très réussis. Ils appartiennent à deux catégories :

- Des dirigeants d'entreprises expliquant comment ils ont managé avec succès : Alfred Sloan (General Motors)[37], Lee Iacocca (Chrysler), Lou Gerstner (IBM)[38], Jack Welch (General Electric)[39], François Dalle (L'Oréal)[40], Lary Bossidy (AlliedSignal)[41], Scott

McNealy (Sun)[42], John Chambers (Cisco)[43], Eric Schmidt (Google)[44], Lee Kun Hee (Samsung), Satya Nadella (Microsoft)[45], Marissa Mayer (Yahoo !)[46], Sheryl Sanberg (Facebook)[47]...

- Des entrepreneurs à succès, souvent charismatiques : Henry Ford (Ford Company)[48], Walt Disney (Disney World), King Camp Gillette (Gillette), Sam Walton (Walmart)[49], Akio Morita (Sony)[50], Warren Buffet (Berkshire Hathaway)[51], Andy Grove (Intel)[52], Leon Gorman (L.L.Bean)[53], Michael Dell (Dell)[54], Richard Branson (Virgin)[55], Steve Jobs (Apple), Bernard Arnault (LVMH), Phil Knight (Nike)[56], Nicolas Hayek (Swatch)[57], Jeff Bezos (Amazon)[58], Elon Musk (Tesla, Space X...), Yvon Chouinard (Patagonia)[59], Ed Catmull (Pixar)[60], Reed Hastings (Netflix)[61], Daniel Ek (Spotify), Tony Hsieh (Zappos)[62], Jack Ma (Alibaba)[63], Ren Zhengfei (Huawei)[64], Zhang Ruimin (Haier), Zhang Yiming (TikTok)...

En parallèle et depuis toujours, des auteurs plus indépendants, ou issus du monde des affaires, sont parvenus eux aussi à exercer une véritable influence sur le management : Henry Fayol[65], Taiichi Ōno[66], Tom Peters[67], Ken Blanchard[68], Charles Handy[69], Pascale T. Richard[70], Gary Hamel[71], James Harter[72], Simon Sinek[73], Eric Ries[74], Frédéric Laloux[75], Brian J. Robertson[76], Stanley McChrystal[77]...

Enfin, le management est encore largement influencé par la culture anglo-saxonne bien qu'émergent de nouvelles théories et pratiques émanant d'entreprise Chinoises, Coréennes, ou Indiennes[78] qui restent à approfondir[79].

Pour finir, le management se révèle être ni uniquement un art ou une science, ni simplement une pratique, mais un mélange des deux. Comme en médecine, la pratique fait évoluer en permanence la science.

LA DÉFINITION DU MANAGEMENT

S'intéresser à l'avenir du management sans avoir préalablement cerné ce qu'il est reviendrait à brûler les étapes. C'est pourquoi il convient de poursuivre en rappelant que le management est la mise en œuvre des moyens humains et matériels d'une entreprise pour atteindre ses objectifs. Et de poursuivre en rappelant avec Peter Drucker, l'un des plus éminents théoriciens du management, qu'il est déterminé par quelques principes essentiels[80] :

Le management repose sur l'être humain. Le management est conditionné par la culture d'un pays, d'un secteur d'activité, d'une entreprise, dans laquelle il s'exerce. Toute entreprise a besoin que ses collaborateurs aient des valeurs partagées et des objectifs communs. Le management doit permettre à l'entreprise et à celles et ceux qui la composent d'évoluer professionnellement en fonction des besoins et des opportunités qui se créent. Toute entreprise est composée d'individus, détenteurs de connaissances et de compétences distinctes, effectuant un travail différent. La seule performance économique de l'entreprise ne saurait être un indicateur adéquat de la qualité de son management. Les résultats de l'entreprise se voient à l'extérieur et se traduisent en définitive par la satisfaction des clients.

Le management remplit trois fonctions essentielles. Tout d'abord, définir la finalité, la mission et la stratégie de l'entreprise. Ensuite, rendre le travail productif et les collaborateurs efficaces. Enfin, remplir les obligations de l'entreprise, faire face à ses responsabilités et gérer l'impact de l'organisation sur son écosystème.

PRÉCISIONS

Dans cet ouvrage, nous nous sommes attachés à :

- garder à l'esprit les spécificités (culturelles, réglementaires, juridiques...) de la France sans nous interdire de largement regarder ailleurs ;
- poser un regard prudent sur certaines pratiques managériales qui ont vu le jour au sein d'entreprises érigées en références, mais qui ont fait l'objet de critiques très vives, souvent sous forme de livres : Walmart, Amazon[81], Facebook[82] ou Uber[83] ont ainsi été fustigées ;
- résister à la facilité qui reviendrait à accorder une importance trop grande à de talentueux auteurs ou *speakers*, devenus de véritables stars du management, mais qui bénéficient pour beaucoup d'effets de mode[84] ;
- prendre en compte avec précaution des ouvrages que nous ne pouvions pas ignorer mais desquels on peut douter de l'impartialité. L'excellent ouvrage *Smart Business*[85] écrit par le cofondateur et ancien numéro trois et directeur de la stratégie d'Alibaba en est l'illustration parfaite. Tout comme *How Google Works*, co-signé par son ancien PDG Eric Schmidt[86] ;
- Réduire au minimum l'emploie des anglicismes, si fréquents dans le management, en les utilisant uniquement lorsqu'aucune traduction en français n'était pleinement satisfaisante.

PARTIE 1
Redéfinir le management

1. Le taylorisme à bout de souffle livre son dernier combat

Le taylorisme est la plus ancienne approche scientifique du management. Né durant l'ère de l'industrialisation, son efficacité a profondément marqué le management des entreprises depuis plus d'un siècle. Tout l'enjeu aujourd'hui est de parvenir à s'en défaire afin de s'adapter à de nouvelles exigences auxquelles il ne répond plus.

Le chiffre : 1911

C'est la date à laquelle Frederick Winslow Taylor présente les principes de son organisation scientifique du travail dans un ouvrage qui fit date, intitulé « La Direction scientifique des entreprises »[87].

LES TENDANCES JUSQU'À AUJOURD'HUI

Comme le rappelait Raymond Aron dans ses célèbres « 18 leçons sur la société industrielle » : la révolution industrielle a donné naissance à des entreprises nécessitant une accumulation de capital sans précédent. À partir du moment où l'entreprise a dû investir énormément d'argent pour que le travail s'effectue, la notion du calcul rationnel a été introduite. La recherche de profits s'est instaurée comme le mobile prédominant[88]. L'organisation du travail et son management sont alors naturellement devenus des facteurs clés de succès. Winston Taylor a le premier proposé les principes d'une organisation scientifique du travail : le taylorisme.

Le taylorisme a profondément marqué le management et l'organisation des entreprises depuis plus d'un siècle. Nous entrerions seulement aujourd'hui dans l'ère post-taylorienne. Si les organisations ont fait des efforts considérables pour s'émanciper du taylorisme, nous avons malgré nous conservé des réflexes, des schémas de pensées ou même des habitudes héritées de celui-ci, qui pénalisent nos entreprises.

La domination du taylorisme comme mode d'organisation par défaut engendre alors ce que les Anglo-saxons appellent le mode *command and control*, dans lequel les managers ont pour principale mission le contrôle (*control*) de la bonne exécution d'une stratégie ayant été formulée par la direction de l'entreprise (*command*).

Dans un environnement stable, ce modèle d'organisation hiérarchique va faire preuve d'une très grande efficacité, apporter de la prévisibilité et de la fiabilité. Mais il va aussi montrer des limites qui vont se faire de plus en plus criantes au fur et à mesure que nous avançons dans le temps.

Tout d'abord, il entraîne la création de silos avec des finalités différentes, voire divergentes[89]. Ils se voient encore aujourd'hui dans beaucoup d'entreprises, tant dans l'organisation de l'espace physique que dans des dynamiques de pouvoirs et de territoires. Les tentatives de mise en place d'organisations matricielles croisant plusieurs dimensions (entités géographiques, types de marchés, types de clients, fonctions, etc.), supposées résoudre le problème, ont parfois généré un surcroit de complexité : plusieurs responsables hiérarchiques, multiples *reporting*, injonctions paradoxales, etc.

La seconde limite est liée à la tentation logique d'organiser les modes de fonctionnement avec des normes, des procédures, des réponses standardisées qui peuvent faire perdre à l'entreprise en réactivité, en capacité d'adaptation, voire la conduire vers la bureaucratisation[90].

C'est surtout du côté des services que tout va s'accélérer. L'essor d'Internet somme les entreprises, dites de l'ancienne économie, de s'adapter pour faire face à des phénomènes tels que la disruption ou l'ubérisation (voir tendance n° 10), l'émergence d'entreprises surpuissantes capables de bouleverser des secteurs entiers (les GAFA en Occident[91] et les BATX en Asie[92]), les progrès fulgurants des nouvelles technologies et les changements de mentalités qu'elles introduisent chez l'individu, pris comme consommateur autant que comme travailleur. Au cœur du succès des champions de la nouvelle économie se trouvent sans conteste des hommes et leur management.

ET DEMAIN ?

Face à la nouvelle donne introduite par un monde qui change de plus en plus vite, les enjeux pour les entreprises et leur management sont nombreux :

- Adapter la structure et l'organisation à la stratégie et non le contraire. Trop d'entreprises encore partent de ce qu'elles sont (structure) pour déterminer ce qu'elles peuvent ou doivent faire (stratégie)[93]. L'organisation et son management devront s'adapter à de nouvelles stratégies qui restent à écrire.
- Instaurer dans les gènes de l'entreprise l'idée de l'adaptation non plus exceptionnelle mais permanente pour : faire face à l'évolution

de l'environnement concurrentiel, renforcer constamment son modèle économique et trouver de nouvelles voies de développement, au risque de périr.

- Fluidifier le fonctionnement de l'entreprise afin de la rendre plus efficiente, lui donner davantage de souplesse, et augmenter sa réactivité.
- Passer du contrôle des ressources (capitaux, hommes, outils...) à l'orchestration de ressources en tous genres.
- Passer de la simple optimisation interne de l'organisation à la gestion des interactions de l'entreprise avec l'externe.
- Passer du focus sur la création de valeur pour le client à la création de valeur pour, dans et avec un écosystème.

Autant de chantiers qui devront être abordés, compris, mis en œuvre, portés, voire incarnés par le management.

D'ailleurs, face à cette nécessité d'évolution, les entreprises continuent à poursuivre leurs efforts pour faire évoluer leurs modes de management. Mais selon l'IFOP[94], l'évolution du mode de management dans l'entreprise ne fait pas consensus chez les salariés puisque 55 % identifient un changement dans le mode de management interne à l'entreprise, contre 45 % qui n'en perçoivent aucun.

2. La finalité de l'entreprise évolue et son management avec

Le capitalisme moderne a permis la création d'entreprises dont la responsabilité sociale est d'accroître leurs profits. Le management s'est développé autour du « principe de la maximisation de la valeur pour l'actionnaire ». Ce leitmotiv entre désormais en contradiction avec les nouveaux défis que les entreprises sont sommées de relever (écologiques, sociaux...). La détermination d'une nouvelle finalité de l'entreprise, par sa direction et son management, constitue une mission essentielle, difficile et surtout à haut risque.

Le chiffre : 1981

C'est la date à laquelle Jack Welch succède à Jimmy Carter (devenu président des États-Unis entre-temps) à la tête de General Electric. Il mettra en œuvre une stratégie centrée sur le principe de la maximisation de la valeur pour l'actionnaire qui deviendra un modèle pour les entreprises du monde entier, pendant des décennies.

LES TENDANCES JUSQU'À AUJOURD'HUI

La lettre L est présente dans le nom de nombreuses sociétés : SARL en France, PLC, LLC, Ltd, etc., dans le monde anglophone. Ce détail a une importance fondamentale. Dans ces sigles, le L signifie « limitée », abréviation de « responsabilité limitée » – société à responsabilité limitée (SARL), *public limited company* (PLC), etc. Et la « responsabilité limitée » a ici un sens très précis : si l'entreprise fait faillite, les investisseurs ne perdront que ce qu'ils ont investi (leurs « parts »).[95]

Cette notion de « responsabilité limitée » a rendu possible le capitalisme moderne. Avant sa généralisation dans les années 1860 et 1870, l'entrepreneur qui faisait faillite devait tout risquer. En cas d'échec, il devait vendre tous ses biens pour rembourser et risquait la prison s'il ne parvenait pas à s'acquitter. Adam Smith sera hostile à la « responsabilité limitée », car elle permet à des directeurs de compagnies de devenir les régisseurs de l'argent d'autrui plus que de leur propre argent et ouvre donc la porte à des conduites plus risquées[96]. Mais l'émergence de la grande industrie comme les chemins de fer, la sidérurgie, le transport maritime ou la chimie ne pourra se faire sans la « responsabilité limitée » des entreprises. Très peu de gens ayant la fortune nécessaire pour financer de tels projets.

Avec le temps, la « responsabilité limitée » a considérablement accéléré l'accumulation du capital et le progrès technologique. L'économie s'est transformée en un gigantesque système, composé d'entreprises de tailles alors inédites[97], donnant naissance à une nouvelle classe de managers professionnels. Le capitalisme managérial a aussi engendré des actionnaires de plus en plus passifs dans l'orientation et la gestion de l'entreprise, laissant des dirigeants professionnels et leur management s'en charger.

Les années 1970 et 1980 seront également décisives pour le management. En septembre 1970, l'économiste et futur Prix Nobel Milton Friedman publie dans The New York Times Magazine un texte qui suscite beaucoup d'opposition. Il a comme sous-titre « La responsabilité sociale de l'entreprise est d'accroître ses profits »[98]. Il introduit « le principe de la maximisation de la valeur pour l'actionnaire » selon lequel la rémunération des managers doit dépendre de l'importance des sommes qu'ils parviennent à distribuer aux actionnaires. En 1981, Jack Welch récemment nommé PDG de la plus grande entreprise américaine : General Electric (GE), s'adresse à ses actionnaires au célèbre Hôtel Pierre à New York pour présenter la stratégie qu'il mettra en place, avec succès ensuite, et qui lui vaudra plus tard d'être considéré comme le meilleur PDG de la fin du siècle[99]. Au centre de son discours, la notion de *shareholder value* (valeur pour l'actionnaire) annonce déjà les tendances que suivront les grandes entreprises dans sa foulée : réduction impitoyable des coûts – masse salariale, investissements considérables, obsession de la valeur de l'action, développement du management en multiples strates[100].

L'entreprise GE sera longtemps le « chouchou » de Wall Street et surtout prise comme modèle par nombre d'entreprises du CAC 40. Les grands principes qui ont fait le succès de GE seront adoptés : leadership, culture de l'apprentissage, appétit pour le changement, lutte contre la bureaucratisation, être numéro 1, le devenir ou revendre (pour toute activité du groupe), Six Sigmas[101], etc. Le management qui en découle sera nourri et influencé par cette idéologie dominante.

Cette focalisation sur la maximisation de la valeur pour l'actionnaire montrera ses limites[102]. Non seulement inéquitable, elle se révélera également parfois inefficace. Surtout, les entreprises ne contribueront plus à la prospérité des pays[103].

ET DEMAIN ?

« À quoi servent les entreprises ? », « Pourquoi et pour qui doivent-elles créer de la valeur ? » sont de nouvelles questions introduites par la prise de conscience des enjeux auxquels l'humanité est désormais confrontée : avenir de la planète, chômage de masse, dette des États, recul de l'État-providence, course à la productivité, sécurité, vieillissement de la population...

La question de la contribution des entreprises au bien commun a été introduite par le Prix Nobel d'économie Jean Tirole[104], tandis qu'un autre Prix Nobel d'économie, Olivier Hart, a proposé d'utiliser la notion « d'intérêt élargi de l'actionnaire ». Car, nous arriverions au bout d'un modèle dans lequel ni les plus âgés, ni les nouvelles générations (voir tendance n° 7) ne se retrouvent. Le contrat tacite qui nous unissait ne fonctionne plus. Le management se retrouve confronté à des individus, collaborateurs ou clients ayant de nouvelles aspirations tant dans leurs vies personnelles que dans leurs choix professionnels.

Nos organisations resteront à l'intersection de trois populations, de plus en plus exigeantes, et qu'elles peinent de plus en plus à faire cohabiter : des collaborateurs, des clients et des actionnaires. Le rapport au travail des premiers change considérablement et les signes de défiance entre salariés et entreprises se multiplient. Les clients quant à eux se sont habitués à des niveaux de services inimaginables il y a encore quelques années grâce aux nouvelles technologies notamment (informations immédiatement accessibles avec Google, produits livrés en deux heures avec Amazon, taxis à disposition en quelques clics avec Uber...). Les actionnaires exigent un retour sur investissement de plus en plus élevé, loin d'avoir fait le deuil du « principe de la maximisation de la valeur pour l'actionnaire ». La définition d'une mission pour l'entreprise, que son management devra incarner, porter et défendre, sera donc une mission à haut risque. Quelques réussites dans ce domaine peuvent toutefois être signalées, en Asie notamment avec l'exemple de Haier[105], bien que difficilement transposable à notre culture.

Un ultime défi est malicieusement rappelé au management par Kai-Fu Lee dans son livre *La plus grande mutation de l'histoire*[106] vantant les mérites des entreprises chinoises, leur management et leur domination prochaine grâce à l'intelligence artificielle : que feront les entreprises en cas de discordance entre ce que leur dictent leurs missions et ce que réclame le marché ? Des scénarios probables sont simples à entrevoir. Imaginons une entreprise se targuant de privilégier l'écologie en ne recourant pas à des formes de transports hyperrapides mais très polluants. Qu'elle puisse un jour souffrir de la pression concurrentielle, rencontrer des difficultés, avoir peine à remplir le carnet de commandes n'est pas à exclure. Et si soudainement une commande chinoise qui résoudrait ses difficultés du moment se présentait, mais à condition que la livraison soit rapide et donc en contradiction avec l'impératif écologique, dictée par la mission de cette entreprise. Que fera-t-elle ? Oublier sa mission et survivre ou risquer la faillite en voulant préserver à tout prix sa mission, là sera le dilemme. Le management doit se préparer à la communication de crise.

3. L'organisation spatiale du travail devient un enjeu en soi

Le travail est naturellement très ancré dans le lieu où il s'effectue. La combinaison de l'évolution du temps de travail et des nouvelles technologies a fait naître une réalité encore assez peu prise en compte par le management : la naissance du *workspace*, en lieu et place de la *workplace*. L'organisation du travail devra être complètement repensée en s'émancipant de la pure notion de lieu de travail.

Le chiffre : 85 %

C'est la part des personnes qui considèrent avoir amélioré leur productivité en travaillant dans un espace de coworking après l'avoir choisi, au lieu de travailler au bureau ou à la maison.

LES TENDANCES JUSQU'À AUJOURD'HUI

Depuis toujours le travail est associé à un lieu. Le paysan cultive son champ, l'ouvrier pointe à l'usine et le cadre va au bureau. L'homme associe son travail à un lieu, occupé durant une période (la journée ou la semaine de travail), pour y réaliser des tâches (son travail). Mais tout a changé sans que nous y prenions garde. La généralisation du télétravail nous a ouvert les yeux. La crise de la Covid-19 a accéléré l'évolution des mentalités.

Le *future of work*[107] est déjà là pour une grande majorité des cols blancs : 84 % des entreprises sont prêtes à numériser rapidement les processus de travail, notamment en développant considérablement le télétravail – avec la possibilité de faire travailler 44 % de leur personnel à distance. Pour répondre aux préoccupations en matière de productivité et de bien-être, environ un tiers de tous les employeurs prévoient également de prendre des mesures pour créer un sentiment de communauté, de connexion et d'appartenance parmi les employés grâce aux outils numériques, et pour relever les défis de bien-être posés par le passage au travail à distance.[108]

La notion de lieu de travail a en réalité muté d'abord sous l'influence de l'évolution du temps de travail. Au départ, le seul moyen d'être accessible ou joint était de se voir affecter un emplacement dans l'entreprise, afin que les personnes puissent vous rencontrer ou entrer en contact avec vous, par courrier, par fax, ou via un téléphone fixe.

Puis, la quête incessante de performance des entreprises les a conduits à peu se préoccuper du temps de travail des collaborateurs, indépendamment du cadre légal. Ce sont les résultats obtenus par chaque collaborateur qui comptent pour l'organisation. Cela débouchera sur le présentéisme[109]. Selon Statista, 8 % des salariés français travaillent plus de cinquante heures par semaine, contre 0,4 % aux Pays-Bas.

Le travail s'est ensuite considérablement fractionné[110]. Une journée de travail est désormais une succession de micro-séquences professionnelles. En dépit du droit à la déconnexion, la frontière entre vie personnelle et professionnelle n'a jamais été aussi poreuse, du fait des nouvelles technologies. Le travail ne s'interrompant jamais, le lieu de travail est devenu par défaut le bureau et tout ce qui l'entoure, jusqu'aux lieux de vacances. C'est là qu'un véritable changement profond s'est opéré. Le lieu de travail n'est plus uniquement le bureau.

Les entreprises sont restées malgré tout focalisées sur le lieu de travail historique, les bureaux, procédant à des aménagements de l'espace de travail, veillant à afficher une image de modernité, recherchant une optimisation de l'espace souvent coûteux. Les *open spaces* se sont généralisés et une multitude d'expérimentations ont vu le jour : *cubicles, open plans*[111], rotation dans l'occupation des bureaux, *hot desking* ou bureaux nomades, *standing desks, treadmill desks*[112], *no desks*...

Les entreprises n'ont aucun moyen de prouver que l'*open space* est réellement un vecteur de productivité ou de créativité, comme attendu. Elles continuent surtout à raisonner avec des unités de mesure classiques : nombre de mètres carrés par collaborateurs, prix du mètre carré...

Le co-working constitue une première réponse à ces nouveaux enjeux. Une étude réalisée dans 52 pays auprès de 1 500 personnes a démontré que ce mode de travail pouvait s'avérer supérieur au travail de bureau ou à la maison : 85 % des interrogés estimaient avoir gagné en productivité.[113]

Mais une évidence nouvelle a surtout vu le jour. La création de collisions entre les collaborateurs, les chances de rencontres et les interactions non planifiées, à l'intérieur et à l'extérieur de l'entreprise, améliorent les performances. Des chercheurs de Harvard sont parvenus à établir une corrélation entre le type de *workspace* (espace de travail et non plus *workplace* signifiant lieu de travail) et le volume des ventes ou le nombre de nouveaux produits lancés[114]. Le défunt PDG de Zappos, Tony Hsieh, utilisait un nouvel indicateur, les *collisionable hours* ou le nombre probable de collisions entre collaborateurs par heure et par acre[115]. Un objectif était assigné à l'entreprise : atteindre 100 000 *collisionable hours* par acre. La nouveauté résidant dans le fait que le calcul n'intègre plus iniquement les mètres carrés de bureaux mais tout l'espace qui entoure le Downtown Project (immense zone d'incubation de start-up à Las Vegas au milieu de laquelle Zappos a son siège social).

ET DEMAIN ?

La priorité pour le management sera de passer d'une optimisation du lieu de travail (*workplace*) à une meilleure exploitation du *workspace* (espace de travail) dans lequel évolueront de plus en plus les collaborateurs. Ce changement d'angle de vue pourra se traduire d'au moins trois manières :

- Considérer le lieu de travail et ses mètres carrés, non plus seulement comme un actif amortissable, mais comme un levier stratégique pour l'entreprise. Le cabinet de conseil Strategy Plus a estimé à 42 % le taux d'occupation des bureaux et préconise non plus une réduction de la surface totale mais son aménagement en vue de la génération de davantage de collisions entre les collaborateurs.[116]
- Repenser intégralement le bureau qui a somme toute peu évolué en comparaison des outils que nous y utilisons.
- Réinventer les bureaux, en les libérant d'une adresse fixe, d'une fonction unique, de frontières les séparant du reste du *workspace* dans lequel travaillent les gens.

L'autre grand sujet de réflexion reposera sur la nécessité de pallier un phénomène largement établi scientifiquement : les interactions entre les individus et leur engagement déclinent en fonction de leur éloignement géographique. Dans son livre qui fit date[117], Thomas

Allen fut le premier à le comprendre. Quant à l'engagement, dans le contexte exclusivement digital, il augmente en fonction du nombre des utilisateurs. Nous avons donc bien deux phénomènes différents. Le travail présentiel et le télétravail ne se substituent pas l'un à l'autre. Il conviendra de les mettre en synergie et ne pas uniquement les faire cohabiter. D'autres études ayant démontré que le développement des technologies rendait la proximité encore plus importante. Des équipes projets qui partagent un espace physique communiquent plus via Internet (20 %) que les autres et réalisent le projet plus rapidement (32 %).[118]

Pour finir, un maillage entre technologie et organisation est à prévoir. Une entreprise fonctionne avec des process qu'elle maille de plus en plus aux technologies. Si bien que les process d'hier qui visaient à simplement déterminer les modes de fonctionnement de l'entreprise deviennent de plus en plus des leviers destinés à faire évoluer les comportements de ses collaborateurs. Cette nouvelle approche de l'ingénierie organisationnelle et la discipline universitaire qui lui est associée sont toutes deux appelées *Mechanism Design*. Elle intègre insensiblement des collaborateurs sur site ou éloignés. Les organisations testeront de plus en plus le *Mechanism Design* dans des domaines tels que l'aménagement de l'espace de travail en vue de favoriser les interactions entre les individus, organisation des nouveaux espaces collaboratifs qui prolifèrent et auxquels se connectent désormais des collaborateurs en télétravail.

4. Les *soft skills* des collaborateurs adoucissent les mœurs

Depuis ses débuts, l'entreprise a privilégié les savoir-faire, des compétences basées sur le savoir, les techniques et la mise en œuvre (*hard skills* en anglais). La notion de *soft skills* est apparue dans un monde où la mutation permanente, l'irruption constante de nouvelles technologies dans le travail, et les nouvelles et nécessaires collaborations qui en découlent, leur promettent de devenir au moins aussi importantes, si ce n'est plus que leurs ancêtres les *hard skills*. Les entreprises vont passer du savoir-faire au savoir-être.

Le chiffre :

1 AN

C'est la durée de vie d'une compétence classique en 2025 selon l'OCDE, tandis que nous passerons 10 % de notre temps hebdomadaire à apprendre, afin de renouveler ou développer nos compétences.

LES TENDANCES JUSQU'À AUJOURD'HUI

Dans son livre *The New Society*[119] (*La nouvelle société* en français), Peter Drucker stipulait que de toutes les ressources productives de l'entreprise, la ressource humaine est celle qui fonctionne le moins bien. Pourtant, de tout temps, les entreprises qui ont généré de meilleurs résultats sont aussi celles qui sont le mieux parvenues à manager les gens. La fonction de management des individus doit donc devenir une priorité par rapport au management des biens de production, des process, des capitaux, sur lesquels l'attention des entreprises, des directions et du management est rivée depuis l'après-guerre.

Descendantes de la révolution industrielle au cours de laquelle l'ingénieur a façonné des organisations autour des progrès techniques, pour transformer l'économie tout entière, les entreprises ont conservé l'habitude de se focaliser sur les compétences techniques (*hard skills* en anglais). Celles-ci désignent la capacité d'un individu à mobiliser les savoirs, les techniques, les réactions permettant la résolution de situations-problèmes de manière efficace. Elles renvoient à l'idée de savoir-faire.

Or dans l'entreprise comme dans le sport, la somme des talents individuels n'a pas la même force que celle produite par un jeu réellement collectif. Plusieurs études viennent corroborer cette intuition, comme celles d'une équipe de Carnegie-Mellon et du MIT[120], montrant que le QI d'un groupe dépend moins de la hauteur des QI individuels que de la qualité des relations et des connexions entre ses membres. Le Forum Économique Mondial a confirmé l'importance prise par la dimension collective dans le monde de demain.

Un enjeu nouveau est apparu pour les groupes de collaborateurs : apprendre à se faire confiance, à créer des liens, à communiquer de façon fluide et qualitative, d'apprendre à apprendre de l'autre, à interagir entre pairs dans le respect et le dialogue. Plus fondamentalement, la notion de *soft skills* s'est imposée. On parle désormais de *hard skills* pour évoquer des compétences techniques (savoir-faire) et de *soft skills* pour nommer des compétences liées au savoir-être. Les premières sont historiquement associées à la notion de QI et les secondes à celle de QE (Quotient Émotionnel)[121]. Le terme de *soft skill* provient d'ailleurs étonnamment du terrain des opérations militaires. Il est apparu dans les années 1960, associé aux notions de leadership, de supervision et de commandement des troupes[122].

Les *soft skills* sont d'autant plus importantes qu'elles interviennent dans un monde où les *hard skills* deviennent de plus en plus rapidement obsolètes et que le travail, tel qu'il se fera demain, les rendra encore plus nécessaires.

La durée de vie des *hard skills* est passée de 20 ans en 1970 à 2,5 ans aujourd'hui. L'OCDE prédit même que cette durée tombera à un an en 2025 et que nous passerons 10 % de notre temps hebdomadaire à apprendre en 2060[123], soit l'équivalent de 200 heures de CPF[124] par an contre seulement 20 actuellement. Selon Frédéric Laloux, les entreprises vont devoir passer d'un mode consistant à « prévoir et contrôler », à une posture permettant de « sentir et de s'adapter »[125].

Le monde qui s'annonce sera plus automatisé. Bien des métiers ou des tâches que nous effectuons le seront par des machines (voir tendance n° 14). Les start-up ont adopté une approche intéressante vis-à-vis des *soft skills*. De plus en plus d'entre elles se basent sur les briques technologiques proposées par des géants comme IBM, Microsoft, Amazon, Oracle, Google, Salesforce, mais capitalisent sur la créativité et l'imagination de leurs collaborateurs pour innover et inventer de nouveaux produits, services ou usages (*soft skills*).

Les *soft skills* étant à la mode, les nombreuses publications à leur sujet embrouillent les esprits. Afin d'en citer quelques-unes, nous nous basons sur la liste proposée par le Word Economic Forum dans son rapport consacré à la quatrième révolution industrielle, considéré comme une référence :[126]

l'esprit critique, la créativité, la coordination avec les autres, l'intelligence émotionnelle, le jugement et la capacité de décision, la flexibilité cognitive ou capacité à remettre en question ce que l'on sait, etc. La liste des *soft skills* semble vouer à se rallonger au fur et à mesure que l'entreprise découvre de nouvelles aptitudes chez l'individu. Ou en fonction des besoins de l'entreprise vis-à-vis de ses collaborateurs. La résilience[127] a par exemple rejoint la liste.

L'esprit de la définition qu'en propose le dictionnaire Robert & Collins permet de cerner la notion. Les *soft skills* sont des qualités souhaitables pour certains emplois, qui ne dépendent pas uniquement ou nécessairement de savoir acquis : elles incluent le bon sens, la capacité d'interagir avec les gens, à s'adapter aux situations, à adopter une attitude agile et positive.

Et demain ?

D'après McKinsey[128], la demande de compétences sociales et émotionnelles, telles que le leadership et la gestion des autres, augmentera de 24 %, pour atteindre 22 % du temps de travail.

Pour rester compétitives, les entreprises et leur management devront procéder à d'importants changements organisationnels tout en répondant à ces évolutions de compétences. Une enquête du McKinsey Global Institute, menée auprès de plus de 3 000 chefs d'entreprise dans sept pays, a mis en évidence une nouvelle importance accordée à l'apprentissage continu pour les collaborateurs et une évolution vers un travail plus cross-fonctionnel et en équipe.

Les tâches évoluant, les emplois devront être redéfinis alors que la terminologie est loin d'être totalement standardisée, que les postes ne sont pas uniformisés et risquent de ne jamais l'être puisque l'évolution permanente s'instaure. Dans ce contexte, le management devra concourir à rendre plus agiles les entreprises. Le travail indépendant est appelé à se développer et permettra d'envisager de nouveaux modes de collaborations (voir tendance n° 18).

Le management devra également s'adapter : près de 20 % des entreprises déclarent que leur équipe dirigeante ne dispose pas des connaissances suffisantes pour mener à bien l'adoption de l'automatisation et de l'intelligence artificielle. Près d'une entreprise sur trois craint que le manque de compétences nécessaires à l'adoption de l'automatisation nuise à leurs futures performances financières.

Demain, les collaborateurs d'une entreprise seront essentiellement issus de la génération Y et l'immersion continue des nouvelles technologies dans l'environnement de travail modifiera en profondeur les compétences attendues. Des *soft skills* même triviaux comme la communication, la communication interpersonnelle, le travail en équipe, la ponctualité sont des domaines que le management devra s'approprier pour mettre en place un apprentissage continu et évolutif. Dans le plus long terme, le management aura aussi à se préoccuper du langage. Le langage exerce une forte influence sur notre mode de pensée. Le sens commun nous fait imaginer que les mots suivent la pensée : on a une idée et on trouve les mots pour l'exprimer. Des études scientifiques ont démontré le contraire : on pense en mots. Plus notre vocabulaire est étendu, notre maîtrise de la syntaxe développée, et plus notre connaissance s'affine. Le linguiste et anthropologue Edward Sapir et son disciple Benjamin Whorf ont postulé une relation constante entre la manière de parler une langue d'une part et la façon de comprendre le monde et de s'y comporter d'autre part. Les meilleurs développeurs informatiques de la Silicon Valley sont déjà recrutés en tenant compte de leurs aptitudes à la communication écrite qui constitue une part essentielle de leur métier.[129]

L'intelligence émotionnelle reposant sur les émotions, il conviendra également d'apprendre à les maîtriser, à les gérer et capitaliser sur elles. L'enjeu est de taille, puisque l'homme moderne est tiraillé entre un passé encore récent dans lequel l'éducation, l'école, le travail l'ont invité à refréner ses émotions, et un futur dans lequel elles l'aideront à faire la différence dans son travail, ses contributions dans l'équipe et les performances de l'entreprise. C'est ici que le développement personnel et le *self learning* (voir tendance n° 8) auront un rôle clé, dans nos cultures notamment où l'ouverture de chacun à ses propres émotions ne va pas de soi.

5. La culture de l'entreprise s'adapte

La culture d'entreprise est de plus en plus considérée comme un facteur explicatif du succès ou des échecs d'une entreprise. Elle est donc naturellement devenue une notion cardinale pour le management, même si ses contours restent souvent flous. Les directions et les managers sont tout particulièrement concernés puisqu'il leur revient de l'insuffler, de l'incarner, de la préserver ou de la faire évoluer. Tandis que les champions de la nouvelle économie ont pris un temps d'avance dans le domaine, les imiter ne sera peut-être pas la solution.

Le chiffre : 20 MILLIONS

C'est le nombre de fois que le *Culture Code* de Netflix, un document présentant de manières claire et inspirante les règles du jeu de l'entreprise et définissant de manière précise sa culture, a été consulté sur Internet.

LES TENDANCES JUSQU'À AUJOURD'HUI

Vécue de l'intérieur une entreprise peut être perçue très différemment selon les individus. Gareth Morgan, l'auteur du best-seller *Images of Organization*[130], explique que sept métaphores peuvent permettre de décrire une organisation : une machine, un organisme vivant, un cerveau, une culture, un système politique, une « prison mentale », un instrument de domination. Une entreprise est donc un organisme social à l'intérieur duquel des individus différents partagent une vision parfois très hétérogène de leur propre entreprise. Quoi qu'il en soit, cette dernière a nécessairement une culture, même implicite. Et chaque individu y prend part, plus ou moins consciemment.

La culture d'entreprise se définit comme un ensemble de connaissances, de valeurs et de comportements partagés par la plupart des collaborateurs. Elle facilite le fonctionnement d'une entreprise et s'articule autour de quatre thèmes formalisés dans les années 1980 : les croyances, valeurs et normes (la vision du monde de l'entreprise), les mythes et héros (histoire de l'entreprise, vie des fondateurs, produits emblématiques...), les rites et les codes (logo, jargon professionnel, séminaires...) et les tabous (échecs, concurrents redoutés, sujets anxiogènes...).[131]

Historiquement peu étudiée en France, la culture d'entreprise est selon Dave Ulrich tout sauf le fruit du hasard. Elle provient d'une volonté managériale forte se traduisant par la mise en place de process, l'adoption d'outils, le développement de pratiques, l'encouragement de comportements.[132]

Une approche dans laquelle l'entreprise prend l'initiative de littéralement façonner la culture en moulant des individus pour qu'ils s'y conforment. La manière dont McKinsey & Company s'y prend pour « mouler » et « faire progresser » ses consultants, longtemps tenue secrète, est à ce titre saisissante[133]. Si les entreprises américaines ou asiatiques adoptent volontiers une telle démarche, elle semble moins naturelle en France.

Avec la nouvelle économie, la notion de culture d'entreprise a pris un essor spectaculaire[134]. L'impératif d'hypercroissance auquel sont vouées les start-up a fait de la culture d'entreprise non plus un sujet majeur mais littéralement une condition de la réussite ou de l'échec. Chez Airbnb par exemple, Brian Chesky, le cofondateur, a fait siennes les paroles de Peter Thiel (cofondateur de PayPal) : la culture d'entreprise c'est de qui créée du liant interne et différencie vraiment l'entreprise de ses concurrents, plus que ses produits encore. Il ajoute en substance que plus la culture est forte, moins l'entreprise a besoin de processus complexe. Quand la culture est forte, on peut faire confiance à chaque personne pour faire ce qu'il convient de faire. Les gens peuvent être indépendants et autonomes, voire entrepreneurs.[135]

Et demain ?

Les grands succès de ces dernières décennies sont clairement le fait d'entreprises dotées de très fortes cultures comme McDonald's, Lego, Swatch, Virgin, The Body Shop, Southwest Airlines, Auchan, L'Oréal, LVMH, Chanel, Samsung, Apple, Google, Amazon... Eric Schmidt, *chairman* d'Alphabet (la holding de Google), déclarait d'ailleurs : « Google est piloté chaque jour par sa culture et pas par moi. »[136] Et Jeff Bezos, le fondateur d'Amazon, de renchérir : « Une culture d'entreprise est ce que vos concurrents ne pourront jamais copier. »[137] La question de la culture d'entreprise pourrait donc devenir un sujet encore plus central pour les directions et le management, plus particulièrement au sein des organisations en phase de transformation (voir tendance n° 10).

La tentation naturelle est de s'inspirer de ce qui a marché ailleurs. Mais gardons en tête que la culture ne peut pas être contrôlée ou définie. Elle émerge. Ce n'est pas quelque chose qui arrive aux gens, mais qui émerge parmi eux. Les start-up bénéficient de l'avantage de partir d'une page blanche. Des fondateurs charismatiques parviennent à influencer, simplement par ce qu'ils sont, ce qu'ils font et comment ils le font, le reste d'une équipe de premiers collaborateurs qui font émerger avec eux une culture. L'exemple de BlaBlaCar est parlant. Son fondateur le dit et le répète : «je ne crois pas aux process, mais aux valeurs partagées».[138] Mais les mantras autour desquels l'entreprise a construit sa culture sont rien moins que difficiles à transposer ailleurs. Ils reposent sur des idées que bien des entreprises considèreraient comme inacceptables, voire comme des fautes professionnelles : penser comme MacGyver, les idées changent le monde, certaines erreurs sont inévitables, c'est le sérieux du personnel qui permet le fun collectif...

L'autre tentation sera de répliquer les *Culture Codes* des start-up américaines. Ces documents présentent de manière claire et inspirante les règles du jeu de l'entreprise et définissent de manière précise sa culture. Netflix a été une des premières entreprises à publier ce document en ligne, en 2019, avant de publier une seconde version consultée plus de 20 millions de fois[139]. Dans le même esprit, Facebook a un «Little Red Book» (petit livre rouge) à destination de ses collaborateurs[140]. Des sites web permettent même de consulter publiquement de très intéressants *Culture Code* d'entreprises comme Asana, Buffer ou HubSpot.

Si les entreprises s'entremêlent de plus en plus à d'autres au sein de marchés qui ressemblent de plus en plus à des écosystèmes (voir tendance n° 16), elles devront aussi apprendre – et leur management avec – à interagir avec une multitude d'autres organisations ne partageant pas nécessairement la même culture que la leur. Dans son *Histoire du Capitalisme*, Fernand Braudel définissait un marché comme la rencontre entre une offre et une demande. Le marché est alors envisagé comme un lieu physique dans lequel des clients peuvent venir acquérir des produits prêts à être vendus. À l'heure actuelle, sous l'impulsion des nouvelles technologies, des plateformes gigantesques ont vu le jour pour y faire se côtoyer les uns et les autres, non plus pour acheter et vendre des produits mais pour cocréer ensemble les futurs produits. L'écosystème d'Alibaba, veillant à constamment inclure de nouvelles entreprises afin qu'ils y proposent leurs services aux uns ou aux autres, en est un parfait exemple. Ce n'est plus de marché qu'il convient de parler mais d'écosystèmes à l'intérieur desquels des cultures d'entreprises se maillent ou s'entrechoquent. Le management devra organiser et coordonner le travail que ses équipes effectuent avec d'autres professionnels qu'ils ne rencontreront peut-être jamais.

Une utilisation croissante de la technologie au service des cultures d'entreprises est également à prévoir. Si Microsoft a racheté 7,5 milliards de dollars GitHub, la plateforme de partage de code informatique par excellence, le site qui a ubérisé le développement informatique même, sur lequel des développeurs du monde entier déposent du code afin que celui-ci soit réutilisé gratuitement par d'autres, amélioré, commenté, c'est pour forcer les collaborateurs de Microsoft à davantage collaborer entre eux et avec des programmateurs externes.

Sans le même esprit, en centralisant tous ses développements informatiques inhérents à toutes ses activités au sein d'une plateforme collaborative unique AONE, le groupe Alibaba encourage ses équipes à privilégier la créativité.

Procter expérimente des plateformes mettant en relation ses collaborateurs avec des offres d'emploi internes grâce à une intelligence artificielle. En proposant des offres d'emploi auxquels ils n'auraient sans doute pas postulé mais pour lesquelles ils ont un profil pertinent, la société encourage la mobilité interne.

L'économie classique stipule que chaque pays est doté de ressources qui leur confèrent un avantage compétitif sur les autres pays. Les uns ont du blé ou du riz, les autres du pétrole, d'autres une population importante ou jeune, d'autres des savoir-faire dans certains domaines. Les dotations des pays conditionnant leurs développements. Selon cette théorie, les cultures japonaise, chinoise ou coréenne sont assimilables à des avantages compétitifs puisqu'elles prédisposent les individus à se fondre dans des cultures d'entreprises très fortes, qui leur sont dictées. De même pour la culture américaine très matérialiste, pragmatique, entrepreneuriale et tournée vers le progrès, la réussite, l'argent. Là où la culture française, qui fait aussi notre force, présente peut-être un désavantage.

Plus prosaïquement, pour exister, une culture d'entreprise doit être incarnée par le management qui, par conséquent, doit faire preuve d'exemplarité. Un point sur lequel bien des entreprises pécheraient encore. Les questions de l'intégration des nouvelles générations au travail (voir tendance n° 7), de la contribution de chacun (voir tendance n° 21) ou du leadership (voir tendance n° 25) sont au cœur de ce débat.

PARTIE 2
Revitaliser le management

6. La nécessité de s'adapter constamment devient la norme pour le management

Le monde change à une vitesse et dans des proportions jusqu'alors inconnues. La disruption, non plus seulement de secteurs d'activité, semble devenir la loi générale qui régit un monde en pleine reconfiguration. Les entreprises sont désormais condamnées à devoir s'adapter en permanence. L'humain et son management constitueront un facteur clé de succès.

Le chiffre : MOINS DE 15 ANS

C'est la fréquence à laquelle au moins une des entreprises du S&P 500[141] sort du classement. En 1935, une entreprise restait en moyenne 90 ans dans le S&P 500. En 2005, cette espérance de vie au sein du prestigieux classement des plus grandes entreprises est descendue à 15 ans et ne cesse de chuter depuis[142]. Plus globalement, la durée de vie des entreprises se réduit constamment. Aux États-Unis, des entreprises comme Kodak ou Blockbuster, faute d'avoir su s'adapter, ne sont plus que des souvenirs.

Même GE (voir tendance n° 2) a perdu de sa superbe. En France, des fleurons de l'industrie comme Alcatel connaissent le même destin. Et l'avenir de certaines entreprises du CAC 40 s'assombrit.

LES TENDANCES JUSQU'À AUJOURD'HUI

Les entreprises ont toujours recherché à se doter d'un avantage compétitif[143] durable, une notion introduite par Michael Porter, le père de la stratégie d'entreprise. Mais une nouvelle génération d'auteurs a pris acte des changements à l'œuvre. Howard Yu,[144] par exemple, rappelle régulièrement que l'idée pour une entreprise de se doter d'un avantage compétitif durable est devenue illusoire[145]. Hier, les entreprises veillaient à consolider une position stratégique sur un marché grâce à différents moyens : leurs tailles, leurs capacités d'investissement, la propriété intellectuelle, un positionnement marketing, des marques reconnues, des économies d'échelle, des réseaux de distribution, des talents... Certaines entreprises pouvaient ainsi dominer un marché pendant des décennies. Un manager pouvait voir son métier relativement peu évoluer au cours de sa carrière et en tous les cas de façon prévisible.

Mais le monde a considérablement changé, à une vitesse et dans des proportions inattendues. Dans *No Ordinary Disruption*[146], un livre cosigné par trois associés de McKinsey & Company, les auteurs affirment que le monde change sous l'influence de la disruption, autrement dit la rupture, devenue la norme. Quatre forces seraient à l'œuvre : un déplacement du centre de gravité du monde des affaires des États-Unis vers des pays émergents comme la Chine, l'accélération de l'impact des technologies sur l'économie et ses entreprises, le vieillissement de la population et l'interconnexion croissante du monde avec la circulation accrue des capitaux, des hommes et de l'information. Les entreprises en subissent les conséquences. Manager aujourd'hui ne revient plus à améliorer, ou simplement perpétuer, ce qui s'est fait jusqu'à présent, mais à préparer ce qu'il faudra faire demain... pour après-demain. Pire, les recettes du succès d'hier sont souvent devenues ce qu'il faut précisément ne plus faire.

Les managers ont aussi découvert la disruption, un terme introduit par Clayton Christensen[147] : la création de nouveaux marchés grâce à l'introduction d'une nouvelle génération de produits ou services venant satisfaire une nouvelle demande. Les disrupteurs partent donc d'un besoin existant des consommateurs pour proposer une alternative, généralement moins chère et plus performante, grâce au progrès technique. Ainsi, les fournisseurs de messageries électroniques ont été disruptés par WhatsApp ou WeChat (en Chine), les constructeurs automobiles par Tesla, la distribution par Amazon, la télévision ou le cinéma par Netflix, l'industrie musicale par Apple puis Spotify, le recrutement par LinkedIn, la réservation de voyage par Expedia, l'aérospatiale par SpaceX, etc. De très sérieux concurrents obligent le management des acteurs des marchés historiques à repenser leurs stratégies, leurs métiers, leurs cultures d'entreprises, leurs manières d'opérer. Tandis qu'à l'arrière-plan la révolution numérique tente même une uberisation de l'argent avec l'essor des cryptomonnaies.

Enfin, les managers ont assisté impuissants à un phénomène inédit : l'ubérisation. Une stratégie consistant pour un nouvel acteur d'un marché à profiter d'opportunités (technologiques notamment) pour exercer le métier des entreprises en place, en s'émancipant de certaines contraintes et ce de manière plus ou moins légale. Ainsi, Uber ou Airbnb ne sont pas handicapés par des actifs tels que des flottes entières de voitures à entretenir, des parcs complets d'hôtels à rénover, à nettoyer, à gérer... Tandis que les acteurs historiques du marché sont pénalisés par des systèmes, des processus et des modes opératoires hérités du passé, des cultures d'entreprises antinomiques avec les exigences du numérique, des rythmes de décision trop lents, des masses salariales lourdes, des silos, des jeux de pouvoir... Autant de défis internes qui viennent s'accumuler aux défis externes lancés au management.

À noter que le nombre des entreprises dites de l'ancienne économie, considérées comme ayant effectué leur transition pour s'adapter, est encore restreint. Les cas d'écoles les plus fréquemment étudiés sont Bosh, Sony, Unilever, Fujifilm, Dyson, Ford, Zara, Patagonia, IKEA, easyJet, Hilti, Orsted, Rolls-Royce, Samsung, Microsoft...[148] aucune entreprise française.

ET DEMAIN ?

À regarder trop vite, les entreprises et leur management pourraient sembler avoir opté pour une forme de déni[149], au moins au départ. Les choses sont moins simples. Elles sont en réalité prisonnières d'un système à la fois idéologique, règlementaire, financier, organisationnel, technique, psychologique et humain qui retarde leurs adaptations comme l'a brillamment démontré David Guillebaud, un ancien d'Arthur D. Little, dans *Disruption Denial* (le déni de la disruption en français)[150].

Les entreprises et leur management ont pris conscience des enjeux, comme le montre le *The Future of Jobs Report* (2020)[151], le rapport annuel du World Economic Forum, consacré au travail dans le monde :

- *Active learning*[152] et *learning strategies* apparaissent en tête de la liste des compétences émergentes devant *Analytical thinking and innovation* et *Technology design and programming*.
- Les nouveaux jobs nécessaires demain tels que *Data Analysts and Scientists, AI and Machine Learning Specialists, Big Data Specialists, Internet of Things Specialists, Software and Applications Developers* sont identifiés.
- La nécessité de remise à niveau des compétences des collaborateurs est bien perçue puisque 47,8 % des entreprises interrogées considèrent qu'elle est nécessaire tous les six mois.

Le management devra néanmoins compter avec une autre vérité : le manque de personnel qualifié. Malgré le considérable développement des études supérieures dans des pays hautement qualifiés dans les nouvelles technologies (États-Unis, Chine, Inde...), McKinsey & Company constatait déjà un manque de 40 millions de profils hautement qualifiés dans le monde, 45 millions de profils moyennement qualifiés et 95 millions de profils peu qualifiés. Parmi eux, des profils de *data scientists* par exemple, indispensable aux révolutions annoncées de la data, de l'intelligence artificielle et du numérique en général...[153]

Dans ce contexte, les directions et leurs managers devront très régulièrement remettre à plat les hypothèses qui sous-tendent l'activité de l'entreprise. Les hypothèses relatives à l'évolution de l'environnement dans lequel elles opèrent. Les hypothèses relatives à la mission d'entreprise qui en découle (voir tendance n° 2) et les hypothèses relatives à ses compétences clés.

Le management devra aussi poursuivre les efforts entrepris dans le domaine de l'expérience collaborateur. Veiller à ce que les collaborateurs progressent professionnellement ne sera plus une option mais un impératif. S'assurer qu'ils participent concrètement et régulièrement à des changements ayant un impact positif sur ce qui les entoure (leur entreprise, son marché, son écosystème, la planète...)[154].

Le management devra enfin veiller à se débarrasser d'une croyance héritée du passé : les individus grandissent professionnellement parce que leur entreprise grandit. L'expérience tend à montrer le contraire : les entreprises grandissent parce que leurs collaborateurs grandissent.

7. Le maillage intergénérationnel se resserre

Chaque nouvelle génération apporte son lot de nouveautés. Le vieillissement de la population, couplé à l'affirmation successive de nouvelles générations, toujours plus différentes de la précédente, se révèle déstabilisant pour les entreprises et leur management. Il convient d'en tenir compte et d'adapter le management en l'encrant à de nouveaux impératifs tels que la culture de l'entreprise, le type de management pratiqué, les conditions de travail offertes.

Le chiffre : 60 %

C'est la part des membres de la *Génération Z* qui déclarent vouloir avoir un impact sur le monde, contre seulement 39 % pour leurs aînés les *Millennials*.

Les tendances jusqu'à aujourd'hui

Longtemps, la question de l'âge en entreprise n'a pas constitué un sujet en soi. L'explosion démographique d'après-guerre ayant produit la génération des *Baby Boomers*, conjuguée à une prospérité économique inhabituelle (les Trente Glorieuses), le plein emploi a pu exister. L'âge était plutôt un élément apportant des repères aux uns et aux autres. On parlait d'ancienneté dans l'entreprise, du nombre d'années d'expérience. L'âge constituait plutôt un élément de légitimation pour l'accès à certaines postes (de direction, d'encadrement...). Les générations se renouvelaient dans les entreprises assez naturellement. La génération suivante baptisée « Génération X », des personnes nées entre 1960 et 1980, avait commencé à montrer des différences par rapport à leurs aînés. Mais ils se sont parfaitement intégrés à l'entreprise, en formant même la classe montante des managers qui s'y développait. Ils ont connu l'ascension sociale et développé des aspirations et des valeurs propres, que la série *Friends* a mises en lumière avec talent.

Pourtant les sociétés développées prêtent aujourd'hui attention à un phénomène majeur qu'il était pourtant possible de prédire grâce à la démographie. Elles assistent simultanément au vieillissement de leurs populations et à la réduction de la part des jeunes dans leurs sociétés. Rien de comparable ne s'était produit depuis le déclin de l'Empire romain.

Ce déclin du taux de renouvellement de la population, qui se voit même en Chine ou au Brésil, met en tension le modèle même de fonctionnement des sociétés modernes (le problème des retraites en France est par exemple causé par ce phénomène).

Au sein des organisations, il a contribué à faire émerger un clivage entre anciens et nouveaux. Les nouvelles générations n'ont fait que s'affirmer davantage en montrant un rapport au monde, aux institutions (comme la politique ou simplement l'autorité) et au travail, nouveau.

La « Génération Y », également appelée celle des *Millennials* (nés entre 1980 et 2000) a continué à déstabiliser le management. Si l'on raisonne au niveau mondial, en ne bornant pas le calcul aux sociétés les plus développées, les *Millennials* étaient démographiquement les plus nombreux à partir de 2015. Pour la première fois, une génération est née plus pauvre que la précédente, a été confrontée à une instabilité sociale et économique très forte et a dû se préparer à des carrières plus instables et des revenus moindres. Cette génération a donc montré des attitudes et de comportements inédits au sein des organisations. La littérature les concernant est abondante. Micah Solomon a particulièrement bien fait ressortir leurs caractéristiques dans un article paru dans Forbes en 2015.

Ils sont adeptes des technologies, en usent dans leurs vies privées comme au travail, mais les rejettent si elles sont trop anciennes.

Ils forment une génération très sociale qui a besoin de groupes de pairs avec lesquels régulièrement discuter, en ligne par exemple, avant de prendre des décisions importantes.

Les *Millennials* collaborent et coopèrent mais entre eux ou avec des marques. Ils ont une idée positive de la communauté, vue comme moyen de résoudre des problèmes, et ont besoin d'être engagés.

Ils recherchent les expériences nouvelles, voire l'aventure. Des expériences du quotidien comme faire du shopping, dîner avec des amis, travailler doivent idéalement devenir des expériences mémorables. La normalité est *boring* (rasoir).

Les valeurs constituent pour eux un sujet majeur. En quête d'authenticité, sensibles aux enjeux de société (économiques, écologiques...), ils sont plus attentifs aux valeurs des entreprises pour lesquels ils travaillent, à celles de leur management ou des marques qu'ils consomment.[155]

La « Génération Z », aussi appelée « génération *post-millennials* » ou *digital natives*, est encore plus problématique pour les entreprises et leur management. Trop jeunes pour se souvenir du 11 septembre, ils ont grandi dans un monde instable, incertain, d'insécurité et du terrorisme. L'agence de communication américaine Sparks & Honey a qualifié cette génération de première génération de *digital natives* (personnes nées après l'apparition d'Internet) et de *screenagers* (contraction d'écran et d'adolescent en anglais). Considérés comme potentiellement plus intelligents, plus sains et plus mûrs que leurs aînés, ils veulent changer le monde. Malala Yousafzai[156] est l'une de leurs idoles. 60 % d'entre eux déclarent vouloir avoir un impact sur le monde, contre seulement 39 % pour les *Millennials*.[157]

Et demain ?

Les nouvelles générations pourraient bien changer le monde comme elles le souhaitent. Les entreprises sont clairement un levier pour elles d'y parvenir. Elles ont déjà commencé. Presque tous les géants du numérique ont été créés par des entrepreneurs qui n'avaient pas trente ans. Et si l'on en croit la prophétie que Jack Ma, qui énonçait lors du Forum Économique Mondial de Davos : nous entrons dans l'ère des « trente disrupteuses » : le monde changera sans commune mesure dans les 30 prochaines années, que ce bouleversement proviendrait de personnes de moins de 30 ans, travaillant dans les entreprises de moins de 30 personnes. Une prophétie qui pourrait paraître folle si on oubliait les débuts de Facebook, WhatsApp, SnapChat ou Twitter.

Mais tous ne passeront pas par l'entrepreneuriat, même si la France montre un formidable dynamisme en termes de création de start-up. Le paradoxe étant que les nouvelles générations rejettent l'idée d'une carrière qui ne leur correspondrait pas. Même des entreprises comme Danone, Coca-Cola, Procter & Gamble ou L'Oréal, pourtant réputées pour être des *academic company*, autrement dit des sociétés où il est bon de commencer sa carrière pour bien y apprendre son métier, sont confrontées à de nouvelles attitudes inédites des candidats ou jeunes recrues. La montée des tensions sur le marché de l'emploi et la fragilisation du régime des retraites ont renforcé le sentiment de difficulté et de précarité face au monde du travail. À la différence des générations précédentes, qu'ils voient comme ascendantes et privilégiées, les *Millennials* peinent à se projeter et ont de fait un rapport distancié à l'entreprise.

Plus fondamentalement, les nouvelles générations encourageront l'entreprise à adopter une posture plus entrepreneuriale et encourageront le management à se comporter en mentor capable de révéler leurs talents pour réaliser leurs passions, en les comprenant, les soutenant et les conseillant.

8. Le *self-learning* prend le pas sur la formation classique

La vitesse d'évolution du monde, de l'environnement de l'entreprise, de son écosystème et de son marché a fait de l'obsolescence des connaissances la norme. En réaction, deux tendances ont vu le jour : les *self-learning* (auto-apprentissage en français) du côté des individus et des tentatives de devenir des organisations apprenantes du côté des entreprises. Si elles ne se sont pas encore entremêlées dans un scénario idéal, l'individu aura un rôle prépondérant à jouer.

Le chiffre : 72 %

C'est le nombre de managers en France qui identifient la capacité d'adaptation de leurs collaborateurs comme la compétence n° 1 pour faire face aux futures disruptions.

LES TENDANCES JUSQU'À AUJOURD'HUI

Pour fonctionner, les entreprises ont toujours utilisé des connaissances. Elles se sont historiquement divisées en trois catégories : une première réunissant les connaissances nécessaires à la réalisation des missions afférentes à un poste, ce sont des connaissances individuelles ; une seconde regroupant les connaissances connues de tous – des informations sur l'entreprise elle-même, quelquefois son marché, parfois sa stratégie... – ; une troisième incluant les connaissances devant être mises en commun, échangées, partagées pour que l'entreprise fonctionne (les process en font partie). La tertiarisation de l'économie a même engendré des *knowledge workers* (travailleur de la connaissance en français), des employés dont le travail consiste à développer et utiliser du savoir plutôt que de produire des marchandises ou des services.[158]

Sur le plan individuel, peu de managers ou de collaborateurs n'ont historiquement pris l'initiative de développer de nouvelles compétences par eux-mêmes, l'entreprise se chargeant d'accompagner le développement des compétences via la formation professionnelle.

Mais le courant dit du « développement personnel » est apparu aux États-Unis avec des pionniers comme Dale Carnegie (années 1930). Il consiste en un ensemble hétéroclite de pratiques appartenant à divers courants qui ont pour objectif l'amélioration de la connaissance de soi, la valorisation des talents et potentiels, l'amélioration de la qualité de vie, la réalisation de ses aspirations et de ses rêves professionnels notamment. Très vite, il s'est greffé au monde du travail : l'Analyse Transactionnelle[159] a été utilisée à des fins managériales par exemple (années 1960). Puis un auteur comme Stephen Covey, avec son best-seller mondial *Les sept habitudes de ceux qui réalisent tout ce qu'ils entreprennent*, ont largement connecté la discipline à l'entreprise, flirtant souvent avec le leadership, si ce n'est avec le management lui-même. Dans *Les managers de l'âme*[160], Valérie Brunel avait, dès 2004, établi les liens qui se créaient entre développement personnel et management.

Puis des approches connexes sont nées, plus centrées sur l'amélioration de la productivité individuelle ou la gestion du temps. Des auteurs comme Brian Tracy[161] ou David Allen[162] ont fait école avec leurs méthodes tandis que d'autres (*Personal Kamban, Pomodoro, Singletasking…*) ont proliféré. Tim Ferriss, un autre auteur best-seller a fait un fonds de commerce de l'art de la productivité[163]. Dorie Clark, Gretchen Rubin, Tony Robbins galvanisent les foules. Les États-Unis comptent énormément d'instituts spécialisés, collaborant de manière étroite avec les directions des ressources humaines des entreprises. Franklin Covey se présente comme le leader mondial dans le domaine.

Plus récemment, le développement d'Internet a naturellement permis l'essor de l'apprentissage en ligne et engendré de nouveaux comportements. Le nombre de personnes cherchant de leur propre initiative des possibilités d'apprentissage en ligne a été multiplié par quatre, celui des employeurs offrant des possibilités d'apprentissage en ligne à leurs employés par cinq et celui des apprenants accédant à l'apprentissage en ligne par le biais de programmes gouvernementaux par neuf.[164]

Sur le plan collectif, les entreprises ont intégré en parallèle la notion d'organisations apprenantes. Le concept a été popularisé dans les années 2000 par Peter Senge et Chris Argyris.[165] Leurs travaux s'appuient sur de robustes fondements scientifiques tels que la théorie de l'apprentissage de Jean Piaget. Ces auteurs ont démontré que la capacité d'une organisation à apprendre collectivement pouvait constituer un véritable avantage concurrentiel. GE en a d'ailleurs fait un des piliers de sa stratégie à l'époque de Jack Welch. Et la notion fait partie intégrante de la culture des entreprises qui ont connu les plus grands succès ces dernières années, qu'elles soient occidentales ou asiatiques.

En France, les entreprises ne sont quant à elles pas encore complètement prêtes : 97 % des répondants à l'étude sur *Les Tendances RH 2020* de Deloitte ont déclaré qu'ils avaient besoin de mieux connaître leurs salariés. Or, il est impératif de mieux connaître les individus si l'on veut pouvoir les aider à évoluer. Surtout lorsque 72 % des cadres identifient la capacité d'adaptation comme la compétence n° 1 pour faire face aux futures disruptions. Et que seuls 17 % affirment que leurs collaborateurs sont réellement prêts à s'adapter et à se former[166].

Tandis que le scénario idéal d'une collaboration entre les entreprises et les individus en vue d'apprendre ensemble n'a pas été encore trouvé, nous ne pouvons qu'écouter le directeur du Media Lab du MIT, Joi Ito, qui dans son livre visionnaire *Whiplash* encourage chacun à passer de l'éducation à l'apprentissage[167]. Il définit l'éducation comme ce que l'on nous fait : d'autres que nous, des parents, des institutions (écoles, universités, etc.) nous enseignent dans un cadre établi, des savoirs organisés, structurés (programmes scolaires, cursus académiques, contenus de formations, etc.). À l'opposé, Joi Ito décrit l'apprentissage comme une démarche plus personnelle, davantage proactive, permanente et résolument plus en phase avec les enjeux futurs. Les Américains parleront volontiers de *self-learning* qui couvre tous les domaines, tandis que chez nous cette nouvelle approche se confond, pour l'instant encore, plutôt avec le développement personnel.

ET DEMAIN ?

Le salarié se trouve pour la première fois de l'histoire, en capacité de, ou invité à devoir, assurer par lui-même l'effort nécessaire à l'évolution de ses compétences, au développement de ses connaissances, à son adaptation professionnelle ininterrompue à un monde qui change constamment.

Le management doit se préparer à générer un profond changement des mentalités. Une organisation qui se voudra apprenante se devra de décider de systématiquement utiliser l'intelligence globale de tous les acteurs de son écosystème (collaborateurs, clients, fournisseurs, alliés, prestataires...) pour rendre l'organisation plus efficace. Ce qui suppose pour le management d'encourager et d'organiser le partage des connaissances, d'attribuer de la reconnaissance au partage et d'instaurer la confiance qui lui est nécessaire.

Le management devra également apprendre à développer non plus deux mais trois dimensions de l'apprentissage : celle des savoirs purs (connaissance, expertises...), celle des savoir-faire (capacités de mettre en œuvre) et celles du savoir-être et de la collaboration.

Plus fondamentalement, chacun devra cultiver l'art de se connaître[168] afin d'identifier notamment ses véritables forces, ses points d'améliorations potentielles et ses faiblesses ; comprendre ses valeurs ; identifier le type d'environnement dans lequel il peut le mieux faire la différence ; comprendre comment il ou elle apprend le mieux : en lisant, en écoutant, en observant, en faisant, en échangeant avec les autres ?

9. L'entreprise découvre qu'elle peut être sa propre ennemie

Les entreprises connaissent leurs lots de dysfonctionnements propres, pour des raisons inhérentes à leur structure, indépendamment des influences externes comme les perturbations du marché. Il est primordial que le management en prenne conscience et associe dans un esprit de confiance les collaborateurs à la réflexion et la mise en œuvre des moyens permettant de protéger l'entreprise d'elle-même.

Le chiffre : 70 %

C'est le nombre de recommandations d'un guide de sabotage de l'entreprise, édité pendant la Seconde Guerre mondiale, que les entreprises actuelles suivent sans le savoir.

LES TENDANCES JUSQU'À AUJOURD'HUI

Le management s'est épanoui au sein d'organisations marchandes, le plus souvent privées. Les entreprises ont démontré depuis la révolution industrielle combien le management pouvait contribuer à leur faire atteindre des résultats exceptionnels. Si bien que depuis quelques décennies, de plus en plus d'organisations non marchandes lorgnent vers le management pour tenter d'adopter ses méthodes[169]. Cependant, cette fascination pour le management doit s'entourer de la plus grande prudence pour plusieurs raisons.

- Le management des affaires n'est pas nécessairement transposable à d'autres activités comme l'hôpital, l'État, l'école, tout simplement parce qu'il suppose la formulation d'objectifs et que ces domaines ne peuvent être traités avec les mêmes attentes. Si le profit est le Graal du secteur marchand, il ne saurait l'être pour le secteur public. Celui-ci doit mesurer sa propre performance à l'aune d'autres critères qui lui sont spécifiques.
- Le management n'a peut-être pas encore démontré tout ce dont il est capable. Le monde des affaires est loin de fonctionner à merveille. Les entreprises sont simplement la première espèce d'organisations dans lesquelles le management s'est développé à ce point. En cela, elles constituent peut-être un prototype pour la suite.
- La pratique a montré que les seules choses qui semblent pouvoir systématiquement évoluer d'elles-mêmes dans les organisations sont le désordre, les frictions, les dysfonctionnements et les mauvaises performances.[170]

Tout récemment, Aaron Dignan a fait une découverte étonnante. En pleine Seconde Guerre mondiale, afin de permettre aux sympathisants des Forces alliées de participer au sabotage de leurs entreprises (dont l'occupant allemand s'était alors emparé pour soutenir son propre effort de guerre), la CIA rédige et leur distribue un manuel de sabotage : *The Simple Sabotage Field Manuel* (Manuel de sabotage simple sur le terrain).[171]

Son contenu est édifiant tant il décrit des comportements à privilégier, des méthodes à adopter et des techniques à utiliser proches de ce qui se passe aujourd'hui dans beaucoup d'entreprises : multiplication des réunions pas assez préparées, focalisation sur les problèmes, chevauchement des responsabilités, absence de clarté au sujet de qui peut ou doit décider, remise à plus tard au motif d'une analyse supplémentaire nécessaire, distraction des collaborateurs au moyen de tonnes d'informations dont ils n'ont pas besoin, interruption constante des autres, etc.

Souvent déstabilisées dans un environnement turbulent, les organisations peuvent se dérégler au point de continuer à fonctionner en dysfonctionnant, jusqu'à un certain point du moins pour que cela ne leur soit pas préjudiciable. Et la transformation du monde qui les entoure peut même les déphaser. Le phénomène étant général, une entreprise peut se considérer finalement dans la norme du moment et ne plus voir ses propres travers ou, pire, les attribuer au contexte externe.

Aujourd'hui, la question n'est plus « que devons-nous faire de plus ? » mais « que devrions-nous faire différemment, et peut-être en moins pour que les choses avancent dans la bonne direction ? » Mais comme chacun sait, les habitudes ont la dent dure. Prendre simplement conscience du degré de dysfonctionnement d'une organisation est déjà un premier pas. Pouvoir en parler avec d'autres, un second. Travailler ensemble pour améliorer l'existant, un troisième.

ET DEMAIN ?

Les entreprises et leur management devront comprendre que leur entreprise a une *organizational debt* (dette organisationnelle en français). Celle-ci est héritée du passé et comprend toutes les structures et les politiques qui ne servent plus l'intérêt de l'organisation. Un examen de cette dette devra être effectué afin de la solder.

Les entreprises ont également des OS (*Operating System*). Et comme pour les ordinateurs, il semble exposé au phénomène de *graceful degradation* (dégradation feutrée en français). Globalement le système fonctionne mais certaines parties le font échouer tout en contribuant à sa dégradation invisible. Le management devra ouvrir les yeux sur ce qui arrive à l'entreprise mais ne se voit pas nécessairement.

Le management devra admettre que les individus peuvent être managés dans la confiance. Une entreprise pouvant être comme une ville où coexistent des systèmes coercitifs comme des carrefours avec des feux (on ne fait pas confiance aux gens) et des systèmes où on leur fait confiance comme les ronds-points. Un savant dosage devra être trouvé en tenant compte de la culture actuelle de l'entreprise et de l'inflexion qui doit lui être donnée.

Le management devra accepter une dilution de son pouvoir en acceptant l'avènement du *self-management*, au sein d'une entreprise dans laquelle les collaborateurs sont invités à prendre leur destin en main, à réfléchir non pas seulement à la meilleure manière de s'organiser mais également à la façon même d'y réfléchir. Les méthodes agiles ont donné l'impression de contribuer à remplir cette mission. En réalité, elles ont été imaginées dans le monde du développement logiciel et ont été adoptées comme un remède à tout, par toutes les entreprises. Bien des start-up ne les utilisent pas comme on le pense et Taiichi Ohno[172] de Toyota rappelait : « arrêtez d'emprunter de la sagesse et réfléchissez par vous-même ». En fait, l'agilité est un état d'esprit plus qu'un outil.

L'ouverture d'esprit sera décisive dans cet effort commun et responsable pour protéger l'entreprise d'elle-même. Comme le rappeler Clayton Christensen[173] lors d'une discussion avec Jason Fried[174] : les questions sont des emplacements de votre cerveau où des réponses peuvent trouver leurs places. Sans question, pas de réponses pour atterrir dans votre cerveau. Il importe donc d'arriver au travail avec plein de questions en tête, afin que des réponses concernant l'entreprise puissent s'y loger. Et c'est là peut-être que l'humain et l'intelligence artificielle parviendront ensemble à contredire Pablo Picasso qui disait : « Les ordinateurs ne servent à rien, ils ne font que donner des réponses ».

10. La transformation digitale s'accélère selon des modalités très variables

La transformation digitale des entreprises gagne en importance stratégique. Si les premières initiatives des entreprises françaises ne sont que rarement couronnées de succès, elles ne contribuent encore que faiblement à transformer en profondeur l'entreprise. Le management devra repenser l'approche actuelle de la transformation digitale et imaginer une mise en œuvre qui ne pourra pas ressembler aux approches brutales qui ont fait leurs preuves dans d'autres pays ou au sein des entreprises numériques elles-mêmes.

Le chiffre : 8/10

C'est le nombre des transformations digitales qui se soldent actuellement par un échec selon Forbes.[175]

Les tendances jusqu'à aujourd'hui

Les entreprises et le management ont mis du temps à prendre pleinement conscience et à comprendre la révolution du numérique. En réaction, les entreprises ont enchaîné des initiatives toutes plus stratégiques les unes que les autres au moment de leur lancement sans qu'elles ne contribuent à fondamentalement transformer l'entreprise[176]. Larry Page, cofondateur de Google, l'a très bien résumé : « On surestime généralement l'impact d'une technologie à court terme et on sous-estime son impact à long terme. » La principale erreur a été de considérer la révolution digitale comme essentiellement technologique. Aujourd'hui les entreprises et le management comprennent que le numérique introduit une mutation plus profonde et plus durable : il change à grande vitesse nos usages, nos attentes, notre perception du monde, notre travail, notre environnement quotidien, nos relations avec les autres.

Pour l'instant, les entreprises et leur management ont surtout observé le digital en se demandant comment il pouvait devenir un relais de croissance, augmenter leurs chiffres d'affaires ou leur profitabilité. Trois chercheurs du MIT, George Westermann, Didier Bonnet et Andrew McAfee[177], ont d'ailleurs mené une enquête auprès de centaines d'entreprises dont ils ont étudié la rentabilité en s'intéressant à la fois à la façon dont elles abordent tout ce qui est digital et aux résultats de leurs efforts. Ils sont arrivés à la conclusion que peu d'entreprises, aujourd'hui, utilisent les technologies digitales pour accroître considérablement leurs niveaux de profit, de productivité et de performance. Ils appellent ces heureuses élues des *Digital Masters Enterprises*. Ils ont observé que ces derniers sont 26 % plus rentables que leurs concurrents moyens dans le même secteur. Ces sociétés améliorent l'efficacité de leurs produits et processus existants et, par conséquent, génèrent 9 % de revenus supplémentaires.

Les entreprises et leur management ont aussi utilisé le digital comme levier de transformation plus globale de l'entreprise. Très peu d'entreprises nationales dites de l'ancienne économie sont parvenues à opérer cette mue. Quelques avancées d'entreprises françaises peuvent néanmoins être saluées chez AccorHôtels, Les 3 Suisses, Leroy Merlin, Jennyfer... En réalité, beaucoup d'entreprises encore subissent plutôt *l'effet moonwalk* : il ne suffit pas d'avancer pour progresser. En changeant plus lentement que le reste de son marché ou de son secteur, l'entreprise recule bien qu'elle s'imagine avancer.[178] En trame de fond, le Forum Économique Mondial prévoit que le rythme d'adoption des technologies ne devrait pas faiblir et pourrait s'accélérer dans certains domaines. L'adoption du *cloud*, du *big data* et de l'e-commerce reste des priorités importantes pour les dirigeants. S'ajoute une hausse significative de l'intérêt pour les cryptomonnaies, les robots non humanoïdes et l'intelligence artificielle.[179]

Si les transformations réussies proviennent d'entreprises internationales, tantôt issues de l'ancienne économie, tantôt de sociétés digitales elles-mêmes conscientes de la nécessité de se réinventer constamment, il est peu probable qu'elles soient imitables ou transposables tant le management y est dur et le leadership brutal.

- En 2005, lorsque Reed Hastings le fondateur de Netflix décide d'entamer une transformation digitale et de passer au tout numérique, il réunit tous les collaborateurs dans le cadre d'une convention d'entreprise. Sur un ton solennel, il demande à tous les salariés qui sont chez Netflix depuis les débuts de se lever. Aux autres, il dit : « S'il vous plaît, applaudissez-les. C'est grâce à eux que nous sommes là, que Netflix existe et que l'entreprise va pouvoir entrer dans une nouvelle aire. Remerciez-les aussi pour leur courage, car ils sont remerciés de l'entreprise. »[180]
- En mars 2015, lorsque Tony Hsieh décide, seize ans après la création de Zappos (1999) et six ans après son rachat par Amazon (2009) de basculer vers l'holacratie, il ne prend pas de gants. Un choix radical puisqu'il revient à sortir du modèle classique de management des organisations basé sur une hiérarchie et un système dit *command and control* pour évoluer vers un nouveau mode de

gestion où la hiérarchie disparaît et le management est supprimé, dans lequel chacun est libre de rejoindre des cercles (réunissant des compétences en fonction des besoins des projets), eux-mêmes auto-organisés. Le fondateur de Zappos se contente d'adresser un e-mail aux 1 443 salariés de l'entreprise, commençant ainsi : « C'est un e-mail long. S'il vous plaît, prenez 30 minutes pour le lire entièrement ». Après quelques paragraphes, il annonce simplement la disparition du management chez Zappos. Plus loin, il précise que c'est à prendre ou à laisser.[181]

- Jeff Bezos, le fondateur d'Amazon, a lui-même fait régulièrement preuve d'autoritarisme. À titre d'exemple, lorsqu'il voulut que tous les salariés apprennent à communiquer entre eux en utilisant des interfaces de communication interne, conçues pour être claires, compréhensibles et utilisables par n'importe qui (salariés, fournisseurs ou partenaires externes), son proche collaborateur adressa à tous les collaborateurs (40 000 à l'époque) un e-mail leur expliquant en sept points succincts qu'ils devaient désormais utiliser ces outils internes et se terminant par deux points rester célèbres : 6. Quiconque ne suit pas ces règles sera viré. 7. Merci et bonne journée.[182]

Et demain ?

Les entreprises et leur management vont devoir apprendre à faire face à une concurrence, qui ne se bat plus sur le même terrain, devenus les champions de la transformation ininterrompue. Amazon est un exemple. Son charismatique fondateur Jeff Bezos est littéralement parvenu à transformer sa société à maintes reprises, la faisant passer d'un site e-commerce destiné aux particuliers, à une société offrant des services dans à peu près tous les métiers de l'e-commerce, aux autres entreprises. L'entreprise est partie du digital (vente en ligne) pour évoluer vers le physique (logistique, transports, vaisseaux spatiaux...). Mais au prix d'un management atypique. Les conditions de travail au sein des entrepôts ont souvent été montrées du doigt. Et l'homme est littéralement parvenu à « ensorceler les investisseurs » pour leur faire accepter de perdre énormément d'argent au prétexte que l'invention et l'échec sont inséparables[183]. Depuis sa création, l'entreprise a bénéficié d'investissements cumulés supérieurs au PIB annuel de certains pays et semble engagée dans une dynamique financière visant à permettre de constamment agrandir un empire en générant du cash sans viser les profits. La subtilité du modèle financier d'Amazon a été largement étudiée dans le monde et particulièrement bien expliquée par le professeur de Harvard Mihir Desai.[184] Comment lutter dans ces conditions ?

L'innovation, plus seulement technologique, ne pourra plus être une simple option. Comme point de départ, les directions d'entreprises et leur management devront assumer que le numérique n'impacte pas toutes les entreprises dans les mêmes proportions, au même rythme et de la même manière. Il leur reviendra de réfléchir à nouveau à une organisation d'entreprise adéquate et via des processus de débat interne et externe : dans quelle mesure le produit sera-t-il utile à la société ? Dans quelle mesure répond-il aux défis écologiques, sociaux ?

Qu'on le veuille ou non, pour beaucoup d'entreprises, la révolution digitale est comme le sexe chez les adolescents : tout le monde en parle, personne ne sait vraiment comment faire, tout le monde pense que tout le monde le fait, alors tout le monde prétend le faire... Mais finalement personne ne le fait vraiment.

PARTIE 3
Repenser le management

11. L'information circule plus et mieux que jamais

Hier une donnée précieuse qu'il fallait soigneusement tenir cachée, l'information est tantôt devenue un problème pour le management (du fait de son volume) et une formidable opportunité pour une nouvelle génération d'entreprises, exploitant le numérique comme écosystème en usant de l'information comme nouveau vecteur de collaboration. Elle renvoie à la nécessité de repenser la philosophie de l'entreprise, son organisation et son management.

Le chiffre : 67 000

C'est le nombre de professionnels de la communauté HOPE (Haier Open Partnerships Ecosystem) qui réunit collaborateurs, clients et fournisseurs de l'entreprise Haier, afin d'échanger en continu et d'identifier de nouvelles opportunités de business pour l'entreprise.

LES TENDANCES JUSQU'À AUJOURD'HUI

Historiquement l'information est assimilée au pouvoir. La phrase de Francis Bacon est bien connue : « L'information c'est le pouvoir ». Tous les grands noms de la stratégie (de Sun Tsu à Clausewitz en passant par Machiavel) ont d'ailleurs souligné l'importance de l'information dans les conquêtes, la conduite d'un état, la gestion des affaires ou l'ambition personnelle.

Pendant très longtemps dans l'entreprise l'information a été tantôt secrète, souvent confidentielle. Elle a fait l'objet de rétention, mal circulée d'un service à l'autre, a été contrôlée, diffusée du haut de l'organigramme vers la base. Cette vision de l'information a alimenté autant qu'elle a été la victime, de la bureaucratisation. La généralisation de l'informatique, qui parmi ses nombreuses promesses, annonçait une meilleure circulation de l'information et surtout une meilleure exploitation des données, n'a souvent fait qu'accentuer le phénomène.

Puis l'entreprise a appris à partager des données en se connectant avec des prestataires externes, auprès desquelles elle externalisait des tâches ne faisant pas partie de son cœur de métier : gestion de la paye, intégration de sa comptabilité, gestion de ses stocks... Les directions informatiques se sont affirmées au sein de l'entreprise et se sont même transformées en DOSI (Direction de l'Organisation et des Système d'Information), un acronyme qui contient le « O » d'organisation, une mission qui revient a priori au management en général.

Mais l'environnement de l'entreprise a changé sous l'influence d'un facteur déclencheur; la formation d'un nouvel espace inédit dans l'histoire : Internet, un écosystème composé de 60 trillions de pages web, 50 millions de blogs dès les années 2000 (avec deux nouveaux blogs chaque seconde), 65 millions de vidéos postées sur YouTube chaque jour, soit 300 heures de vidéo toutes les minutes en 2015[185].

L'information circule plus et mieux que jamais

Les entreprises de l'ancienne économie se voient de plus en plus connectées à un gigantesque écosystème numérique. Leurs réflexes d'hier les conduisent à protéger l'information et à détecter des menaces.

Paradoxalement, une personne externe à une entreprise peut en apprendre davantage sur celle-ci, que ses collaborateurs souvent limités dans leurs recherches par des *firewalls* (« pare-feu » en français) ou des politiques d'accès restreint à Internet.

L'information est aussi devenue pour le management un véritable problème. Certes, Internet permet de développer ses compétences via des sites fournissant les cours des meilleures universités américaines, apprendre des langues ou la programmation informatique... mais ni les managers ni leurs équipes ne parviennent à optimiser leurs temps pour pleinement en profiter. En réalité, nous passons entre 30 et 40 % de notre temps à lire, trier, jeter... des messages électroniques.[186] Soit un à deux jours par semaine, au cours desquels si nous revenions au temps du courrier papier, nous aurions un nouveau courrier déposé toutes les deux minutes sur notre bureau, qu'il nous faudrait ouvrir, traiter, etc. L'information, ou plutôt les moyens de communication modernes qui la sous-tendent, sont devenus des facteurs de pollution du travail.

Tandis que les champions de la nouvelle économie ont su profiter de ce nouvel or noir que sont les données. En utilisant Uber, un individu transmet des informations à un système de géolocalisation qui les transmet à son tour à un chauffeur. C'est ce simple jeu d'échange d'informations qui rend possible le fait qu'Uber apporte le même service qu'une compagnie de taxi classique, sans avoir à salarier des chauffeurs, acheter, entretenir et assurer des voitures, etc. Le même raisonnement vaut pour Airbnb, Waze et nombre de réussites entrepreneuriales de la nouvelle économie.

Plus généralement, toute une nouvelle génération d'entreprises est passée du focus sur la création de valeur pour le client à la création de valeur pour, dans, et avec un écosystème. Les GAFA (Google, Apple,

Facebook, Amazon) ou les BATX (Baidu, Alibaba, Tencent, Xiaomi) incarnent parfaitement cette nouvelle manière de créer de la valeur à partir, autour et avec de l'information.

ET DEMAIN ?

L'enjeu central est d'envisager l'information comme un motif de collaboration, une opportunité d'imaginer de nouvelles manières d'opérer, une occasion d'innover... Les implications pour le management seront considérables. Elles se situent au niveau de la philosophie générale de l'entreprise, de son organisation et de ses équipes.

Déjà quelques entreprises ont dès leurs créations adoptée une philosophie de la transparence, supprimant la frontière entre l'interne et l'externe. Patagonia montre en vidéo sa chaîne d'approvisionnement dans une série de vidéos baptisée Footprint Chronicles. La marque de t-shirt Everlane va jusqu'à afficher sur son site destiné aux consommateurs, ses coûts de revient, sa marge commerciale... Et Buffer, la plateforme de gestion des réseaux sociaux pour les entreprises, révèle absolument tout à l'adresse buffer.com/transparency : salaires des employés, financements de l'entreprises, e-mails envoyés par ses collaborateurs, projets en cours, idées à l'étude, indicateurs de diversité, etc.

Demain la philosophie générale de l'entreprise devra être revisitée. Les principes qui ont fait le succès des organisations qui ont su effectuer ce virage autour de l'exploitation de l'information sont pour la plupart nouveaux[187] : adopter la simplicité en tout (pour la stratégie, les plans d'actions, la communication, les process...), se focaliser sur le pourquoi (insister sur le pourquoi les choses doivent être faites plutôt que simplement exiger qu'elles le soient), être persistant et consistant (rester fidèle à une ligne directrice et à un style de leadership), être curieux et ouverts d'esprit (regarder à l'extérieur de l'entreprise, rechercher des feedbacks...), se concentrer sur l'impact de l'information (le problème qu'elle permet de résoudre plus que la découverte qu'elle a permise), utiliser les données de manière empirique (poser des hypothèses, tester...), écouter l'intuition (prendre en compte ce que les chiffres et les tableaux ne fourniront jamais : des idées, des sensations...), se focaliser sur ce qui est vrai plutôt que sur ce qui est faux (célébrer les bonnes nouvelles et apprendre des mauvaises), convertir les idées en actions (s'assurer que les idées sont suivies par des décisions et des actions), capitaliser sur sa personnalité (rassurer, entraîner les autres, fédérer... selon chacun).

12. Un management au service de l'agilité stratégique émerge

Les entreprises et leur management ne doivent plus simplement orchestrer la transformation de leurs organisations mais également apprendre à repenser la formulation même de leurs stratégies. La stratégie devient un processus plus qu'un plan achevé, un dialogue en cours plus qu'un document écrit, une série d'expérimentations plus qu'une liste de priorités.

Le chiffre : 10

C'est le nombre de fois où Alibaba, le géant de l'e-commerce chinois et aussi l'une des success-stories du début du siècle, a radicalement changé de vision stratégique en seulement 20 ans.

Les tendances jusqu'à aujourd'hui

La stratégie séparait traditionnellement le moyen-long terme du court terme. Les entreprises avaient pris l'habitude de définir leurs stratégies, longtemps à l'avance et en amont de l'action, suivant une logique *command and control* héritée du Taylorisme (voir tendance n° 1). La stratégie était alors l'affaire de la direction. Charge au management d'en contrôler la bonne exécution.

En dépit du prestige qui l'entoure, la stratégie n'est pas considérée comme un art difficile en soi. En revanche, sa mise en œuvre dans la réalité de tous les jours est extrêmement dure. C'est souvent là où les entreprises pèchent. Le leadership permet de faire la différence (voir tendance n° 25). Et le management ne saurait être considéré comme étant le seul responsable. L'horizon stratégique s'est rapproché au fur et à mesure du temps. Les choix engageant l'entreprise sur le long terme ont dû être effectués plus fréquemment et plus radicalement. Fautes d'avoir adopté une approche agile de leurs stratégies, d'être restées trop arc-boutées sur une version orthodoxe de la définition stratégique, des entreprises leaders dans leurs domaines, existant depuis plus d'un siècle pour certaines, ont littéralement été balayées ou déclassées : Kodak, Sears, Philips, RCA, Xerox, General Motors, Merrill Lynch... Les stratégies étaient parfois les bonnes mais plus adaptées à l'environnement de leur exécution. D'autres sont parvenues à mieux résister en adoptant des stratégies plus flexibles, plus itératives et plus adaptatives : GKN, AMEX, 3M, Nintendo, Toyota.[188]

À présent, les conditions pour que de nouvelles technologies continuent d'apparaître à un rythme jamais observé par le passé se combinent entre elles afin de favoriser l'émergence d'innovations majeures sont réunies. Un simple smartphone est un concentré d'innovations multiples : batterie lithium-ion, Internet, navigation GPS, reconnaissance vocale, intelligence artificielle. Cette nouvelle génération d'innovations combinatoires a rendu possible le retournement littéral de marchés entiers en des délais très courts. L'innovation ne semble plus être une option réservée à quelques entreprises mais un impératif plus généralisé pour survivre.

La réaction la plus visible a conduit de nombreuses entreprises à vouloir ressembler aux start-up en tentant d'adopter leurs méthodes et leur état d'esprit, en vain. Dans bien des cas le phénomène a même engendré une déconnexion entre la stratégie et l'opérationnel.

Dans certains cas, la stratégie s'est remplie d'intentions digitales mais ne s'est pas traduite dans les faits. D'où des démarches extrêmement cadrées en réaction, comme chez Coca-Cola, L'Oréal ou Google, où les entités sont tenues de présenter des plans respectant la règle « 70/20/10 » : 70 % des ressources et des investissements alloués à l'activité ordinaire, 20 % à des projets à deux ans (plutôt innovants) et 10 % à des idées, des intuitions, des explorations... même folles.

Dans d'autres cas, il a été demandé aux équipes opérationnelles de générer des initiatives digitales pour alimenter une stratégie, sans que beaucoup de projets n'aboutissent et que cet effort n'irrigue le reste de l'organisation. Le cas de Renault est un exemple.

En réalité, c'est le cadre tout entier de réflexion de stratégie qui a changé. Il ne s'agit plus pour l'entreprise et son management de définir en amont les orientations à mettre en œuvre en aval, mais de distinguer l'exploration de l'exécution. En revenant à une distinction fondamentale introduite par Steve Blank : une start-up est une organisation temporaire destinée à rechercher un modèle d'affaire profitable et durable. A contrario, une entreprise établie a été créée pour durer et a pour mission l'exécution d'un modèle d'affaires connu qui répond aux besoins connus de segments de marché connus.[189] Nous oublierons trop vite que Google a mis plusieurs années à identifier comment elle allait gagner de l'argent.[190]

ET DEMAIN ?

Trois nouvelles idées sur la stratégie devront être adoptées par le management.

- La stratégie est une construction collective. Elle se fait avec les clients en les associant à des expérimentations, les collaborateurs, leurs managers, les équipes de direction, les fournisseurs, les distributeurs, les prestataires externes. Bref, l'écosystème de l'entreprise. L'exemple de Haier décrit plus haut est une illustration de définition stratégique en continu.
- La stratégie se conçoit avec un minimum de dialogue et de dissensions. Les désaccords doivent être exprimés, le statu quo doit être remis en question, les nouvelles idées provoquées.
- La stratégie n'est plus gravée dans le marbre. Au contraire, elle évolue beaucoup plus régulièrement.

Les managers devront aussi incarner et inculquer de nouvelles attitudes telles que : *think big* (voir grand), *test small* (tester en petit), *fail fast* (prendre très rapidement conscience que cela ne fonctionnera pas et interrompre avant que cela ne coûte cher) et *learn always* (apprendre constamment).

Un certain nombre de principes devront être portés par les entreprises, les directions et le management :

- Avoir des priorités claires et consistantes pour guider les évolutions de la stratégie.
- Organiser la détection et la création de nouvelles opportunités de marché.
- Préciser quels produits et quels clients sont visés pour générer de la croissance.
- Anticiper les évolutions des besoins des consommateurs, ou les besoins par encore suffisamment satisfaits, pour les convertir en opportunité d'affaires.

- Organiser l'activité autour de trois options : *build* (faire ce qui relève de notre domaine d'activité principal), *buy* (acheter pour s'aventurer dans de nouveaux domaines), *borrow* (nouer des accords avec les parties prenantes de l'écosystème).
- Placer des collaborateurs en phase avec cette nouvelle approche de la stratégie à tous les échelons de l'organisation.
- Récompenser davantage les collaborateurs pour avoir grandi plutôt que simplement atteint les objectifs.
- Instaurer une atmosphère favorable à l'innovation.

13. Les collaborateurs sont envisagés et accompagnés différemment

Le regard porté sur l'individu par l'entreprise a longtemps été négatif. La conjugaison des progrès des sciences sociales dans le domaine des motivations humaines, l'expérience collective de toutes les entreprises et les nouveaux impératifs d'adaptation de l'entreprise modifie favorablement l'image de l'individu. La posture du management et le rôle même du manager s'en verront changés.

Le chiffre : 30 À 50 %

C'est la réduction de la production lorsque les collaborateurs font uniquement ce qu'on leur a demandé de faire, en réaction à un management qui refuse de voir chez eux autre chose que la poursuite de simples intérêts égoïstes.

LES TENDANCES JUSQU'À AUJOURD'HUI

L'économie libérale, dans laquelle sont nées les entreprises qui ont enfanté le management, a entretenu une idée très négative de l'individu. En synthèse, le marché permet de mettre l'énergie d'individus égoïstes, qui ne pensent qu'à eux (ou tout au plus à leurs familles), au service de la création de l'harmonie sociale. Par extension, le marché, les entreprises et leur management parviennent admirablement à canaliser ce que la nature humaine a de pire, à des fins productives et bénéfiques pour la société. Le communisme a échoué parce qu'il niait cet instinct humain et gérait l'économie en supposant que chacun était désintéressé, voire altruiste. Cette idéologie a profondément inculqué l'idée qu'il faut prêter aux individus les intentions les moins louables.

Cependant les progrès des sciences humaines ont largement permis de comprendre que l'intérêt personnel n'est pas la seule motivation humaine qui compte, même dans la vie économique et au travail. Bruno Frey a très bien résumé dans « Not Just For Money » ce qui fait la complexité de la motivation humaine, puisqu'elle est un mélange, certes de motivations matérielles, mais aussi d'honnêteté, de respect de soi, d'altruisme, de sympathie, de foi, de sens du devoir, de solidarité, de loyauté, de civisme, de respect qui pèse parfois plus lourd que le simple égoïsme pour expliquer les comportements.[191]

L'expérience a aussi montré les limites de cette approche de l'individu. L'exemple de la grève du zèle montre combien il est contre-productif pour le management de ne pas faire confiance à l'individu et de le diriger trop rigoureusement. Il est bien connu que ces semi-grèves, dites en anglais *Italian strike*, la « grève à l'italienne », et en italien *sciopero bianco*, la « grève blanche », réduit la production de 30 à 50 %. La raison est claire : on ne peut pas tout préciser dans un contrat de travail ou une description de poste, car la production d'un collaborateur dépend en grande partie de sa bonne volonté, de ses initiatives, de son adaptation aux contingences et des raccourcis empruntés pour faire avancer les choses malgré tout. Aucun dirigeant, aucun manager n'est capable d'envisager à l'avance toutes les situations auxquelles seront confrontées leurs équipes au quotidien, simplement parce qu'un humain en est incapable.

Dans les années 1930, l'apparition de l'école des relations humaines souligne la nécessité d'une bonne communication avec les collaborateurs et entre eux. Apparaissent des méthodes de management qui mettent l'accent sur la complexité des motivations humaines et suggèrent des moyens d'amener les salariés à donner le meilleur d'eux-mêmes. Les Japonais, qui les premiers ont su faire confiance aux collaborateurs, avec ce qu'il convient désormais d'appeler le « toyotisme », ont fait figure de pionniers à leur plus grand profit.

La mode du management descendant, calqué sur le modèle patriarcal ou militaire caractérisé par des décisions unilatérales, pas nécessairement expliquées, a peu à peu été remise en question, même s'il perdure. La nécessité pour l'entreprise de s'adapter ou de se transformer a obligé les directions à expérimenter des politiques de conduite du changement dans lequel les approches où les collaborateurs sont traités comme des « soldats », des « pions » et les managers des « engrenages interchangeables[192] » ont échoué. Une seconde vague de tentatives de conduites du changement, plus participatives, incluant les managers voire les collaborateurs aux modalités d'une transformation (le comment) dont les grandes lignes (le quoi) ont été préalablement définies par la direction, n'a pas non plus porté ses fruits.

L'injustice est que les managers, qui pourtant forment une population largement concernée par la souffrance au travail, sont accusés de tous les maux. Leur fonction conserve encore une mauvaise image, associée au contrôle, au commandement et au pouvoir. Ce qui fait aussi écho à une spécificité culturelle française. Aux États-Unis ou au Canada, les salariés ont moins d'attentes vis-à-vis de leurs entreprises et envisagent le travail comme une activité potentiellement épanouissante, alors qu'en France il est encore largement associé à une source de coercition.[193]

ET DEMAIN ?

La crise de la Covid-19 n'a fait qu'accélérer le sentiment de la nécessité de devoir faire face à des changements. Déjà, presque trois quarts des dirigeants (72 %) identifient « la capacité de leurs salariés à s'adapter, se reconvertir et assumer de nouveaux rôles et responsabilité » comme étant une priorité afin de pouvoir naviguer dans un environnement en changement constant.[194]

Pour y parvenir, les entreprises et leur management devront s'approprier deux notions fondamentales : premièrement, que le changement est, comme l'indiquait Tom Peters il y a trente ans, « une porte qui ne s'ouvre que de l'intérieur. » ; deuxièmement, que travailler, « ce n'est pas seulement exercer un métier, c'est mettre de soi pour faire ce que l'on a à faire : de l'intelligence, des émotions, des convictions.[195] »

La relation entre le management et les équipes devra évoluer et prendre une dimension adulte. L'exercice de l'autorité ayant évolué dans beaucoup d'autres sphères de la société, le management devra s'attacher à mettre en cohérence son entreprise avec son époque. Une reconfiguration du pouvoir s'opérera au sein même des équipes. Le managent n'incarnera plus le pouvoir, mais un pouvoir parmi d'autres. Longtemps dessaisis des décisions qui les concernaient, les collaborateurs et parfois même les managers eux-mêmes devront aussi s'atteler à reprendre en main leurs destins. Le collaborateur devenant le premier acteur, il conviendra que le management, les ressources humaines et les collaborateurs apprennent ou continuent d'apprendre à travailler ensemble[196].

Plus fondamentalement, la posture du management s'en verra changée, puisque le manager ne sera plus simplement un individu disposant des ressources (une équipe) à disposition, mais un individu s'envisageant lui-même comme une ressource pour son équipe et son entreprise. Le management doit apprendre à se mettre au service de son équipe, du collectif, du projet de l'entreprise en jouant un rôle pivot. L'une de ses missions principales sera de faire grandir ses collaborateurs, de leur permettre de se développer professionnellement et d'acquérir de nouvelles compétences indispensables. Puisque selon le World Economic Forum, pour les travailleurs qui resteront à leur poste, la part des compétences essentielles qui changeront au cours des cinq prochaines années sera de 40 %, et 50 % des employés devront se recycler.[197]

Pour terminer, ce nouveau regard porté sur les individus pourra contribuer à faire évoluer le rôle de l'entreprise (voir tendance n° 13) en se rappelant avec Bertrand Russel que : « Les méthodes de productions modernes nous ont donné à tous la possibilité de vivre dans l'aisance et la sécurité. Nous avons choisi à la place, le surmenage pour les uns et la misère pour les autres. En cela, nous nous sommes montrés bien bêtes, mais il n'y a pas de raison pour persévérer dans notre bêtise indéfiniment. »

14. Les intelligences artificielles deviennent nos nouveaux collègues

L'intelligence artificielle (IA) a plus de 70 ans. Ses progrès récents lui ont promis un nouveau destin : celui de prendre une place considérable dans le travail, comme ce fut le cas avec l'informatique. Derrière la fascination et la peur, le management doit s'attendre à devoir faire preuve de sang-froid pour se préparer à relever les nombreux défis que cache l'IA.

Le chiffre : 70 ANS

C'est l'âge de l'intelligence artificielle (IA), cantonnée à un petit monde d'hyperspécialistes pendant des décennies, et dont les usages concrets voient le jour dans la précipitation.

Les tendances jusqu'à aujourd'hui

L'histoire de l'homme au travail le montre utilisant chronologiquement des outils (pour faire) comme une fourche, un fléau pour le paysan ou un maillet et un ciseau pour le tailleur de pierres. Puis, des instruments (pour concevoir) comme le compas et l'équerre de l'architecte, le fil à plomb et le niveau du bâtisseur. Enfin, des machines (pour produire) comme les machines-outils de la révolution industrielle.

Le rapport entre l'homme et la machine au travail est historiquement conflictuel. Le terme de sabotage, par exemple, provient des paysans qui, devenus les ouvriers des usines, mettaient leurs sabots dans la machine pour bloquer la chaîne de montage. Et que, de 1811 à 1817, un groupe de travailleurs de l'industrie textile, fédéré autour d'une sorte de Robin des bois moderne dénommé Ned Ludd, attaquaient aussi les machines, alors symboles de la mécanisation de l'industrialisation de l'époque. Il a aussi enfanté les mouvements ouvriers et donné naissance au syndicalisme.

Les progrès récents et fulgurants effectués dans le domaine de l'intelligence artificielle ont ravivé les inquiétudes relatives à la compétition entre emploi et technologies. La question n'est pas nouvelle. Elle est même vieille comme l'économie, si l'on peut dire. Le premier économiste à être médaillé avant l'âge de quarante ans, John Bates Clarck, abordait déjà cette problématique en 1907 dans son ouvrage intitulé *Essentials of Economics*. John Maynard Keynes s'attaquait également au sujet dans son essai publié en 1930 : *Possibilités économiques pour nos petits-enfants*, tandis que le prix Nobel d'économie Wassily Leontief lui emboîtait le pas[198]. Enfin, Jeremy Rifkin pronostiquait en 1996 la fin du travail dans un livre du même titre.[199]

Plus réalistement, David Autor, un économiste du MIT, décrit la corrélation entre emploi et technologie au moyen d'un tableau divisé en quatre cases :

- Verticalement, la ligne oppose « Cognitif, intellectuel » en haut, à « Manuel » en bas.
- Horizontalement, la ligne va de « routinier » au sens de répétitif, à gauche, à « Non routinier » et donc non répétitif, à droite.

Un travail répétitif et manuel, comme celui effectué derrière une chaîne de montage, est donc placé dans la case inférieure gauche. Un travail non répétitif et intellectuel, comme celui d'architecte, est placé dans la case supérieure droite, et ainsi de suite.

Les dernières décennies ont vu les cases de gauche être très remplies, par des emplois répétitifs, donc. Mais, une pénurie de travail routinier a vu le jour dans les pays développés, les machines-outils se sont sophistiquées au point de les remplacer et des logiciels ont littéralement effacé des métiers du tertiaire comme celui de dactylo. Les demandeurs de travail peu qualifié et répétitif se sont donc retrouvés en surnombre.

Avec l'arrivée en fanfare de l'IA (intelligence artificielle), ce sont les autres cases du tableau de David Autor qui pourraient bien se remplir cette fois-ci, avec 47 % des emplois menacés selon certaines prévisions.[200] Selon les deux économistes d'Oxford, Carl Frey et Michael Osborne, les emplois non répétitifs, même intellectuels, seront à leur tour touchés. Parmi ces métiers on trouvera : analyste crédit, technicien géologue, grutier, chauffeur, cartographe, agent immobilier, bagagiste et même opérateur de fabrication de semi-conducteurs. Des entrepreneurs visionnaires du secteur de la robotique comme Terry Guo (Foxcomm), Rob Brooks (Rethink Robotics) ou Carl Bass (Autodesk) ont d'ores et déjà mis au point des robots susceptibles de se substituer aux humains dans certains environnements industriels ou logistiques, notamment.

Et demain ?

Le management doit s'attendre à devoir au moins repenser comment l'IA peut, doit ou au contraire ne doit pas (pour des raisons éthiques notamment) impacter le travail et son organisation. Il devra apprendre à réfléchir avec le paradoxe de Moravec comme nouvelle grille d'analyse. Proposé par Hans Moravec, chercheur de l'Université Carnegie Mellon, il stipule qu'il est plus facile pour une IA de réaliser des activités humaines complexes que de remplir des fonctions de base. À titre d'exemple, il est plus facile de développer un algorithme capable d'effectuer des milliers de calculs mathématiques hypersophistiqués qu'un algorithme capable d'imaginer une intrigue toute simple. Dit autrement, les robots savent penser ou marcher. Mais ils sont incapables de faire les deux en même temps. Et si des IA pourront contribuer à la conception des smartphones ou des voitures de demain, elles seront incapables de faire un lit ou d'entretenir un jardin mieux qu'un homme. Un consensus a d'ailleurs émergé chez les experts pour admettre que l'IA ne remplacera jamais l'homme lorsqu'il s'agit de trouver et développer des idées nouvelles, avoir des contacts humains et entretenir une relation interpersonnelle, faire preuve d'empathie, user de *soft skills* (voir tendance n° 4) comme l'intelligence émotionnelle, l'écoute, la pédagogie, l'adaptabilité, la gestion du stress, la capacité à prendre des décisions, l'apprentissage, la motivation des autres, le leadership, l'assertivité, la proactivité, l'anticipation, la bienveillance, le sens de l'improvisation... ou tout simplement le bon sens.

Cependant, les prévisions pour un remplacement progressif d'emplois, de métiers ou de compétences par des machines devenues de plus en plus intelligentes subsistent. Bien que demain, le nombre d'emplois détruits sera dépassé par le nombre d'emplois créés, contrairement aux années précédentes, la création d'emplois devrait se ralentir tandis que la destruction d'emplois s'accélérer. Les entreprises s'attendent à ce que, d'ici 2025, les rôles de plus en plus redondants passent de 15,4 % à 9 % de la main-d'œuvre (soit une baisse de 6,4 %), et à ce que les professions émergentes passent de 7,8 % à 13,5 % (soit une croissance de 5,7 %) de la base totale des employés des entreprises interrogées. Sur la base de ces chiffres, le World Economic Forum estime que d'ici 2025, 85 millions d'emplois pourraient être déplacés par une modification de l'interaction des hommes avec les machines, tandis que 97 millions de nouveaux postes pourraient émerger, plus adaptés à un travail davantage réparti entre humains, machines et algorithmes.[201]

Un vaste chantier s'ouvre pour le management, afin de préparer une adaptation du travail, de son organisation et des équipes à ce qui les attend. La notion de *fusion-skill* (« compétence de fusion » en français) entrera dans son vocabulaire. Les *fusion-skills* sont définies par Paul Daugherty et James H. Wilson d'Accenture comme des compétences qui combinent les capacités de l'homme et de la machine pour obtenir de meilleurs résultats que ceux que l'un ou l'autre pourrait obtenir seul.[202]

Les *fusion-skills* comprennent par exemple :

- La capacité d'augmenter le temps disponible pour les tâches typiquement humaines, comme les interactions interpersonnelles, la créativité et la prise de décision.
- La capacité de décider d'un plan d'actions lorsque la machine est incertaine.
- Savoir comment poser au mieux des questions à l'IA, à travers des niveaux d'abstraction, pour obtenir des informations.
- Travailler avec des IA pour étendre ses propres capacités (productivité, résolution de problèmes, analyse de données...).
- Construire de nouveaux modèles mentaux que la machine pourra comprendre afin de les utiliser pour contribuer à imaginer avec elle de nouvelles manières de faire et non plus simplement répliquer l'existant.

15. Les organisations se réinventent et se rêvent en entreprises libérées

Le gouffre qui sépare les entreprises de l'ancienne économie caractérisée par une inertie relative et des start-up hyperagiles a ouvert la voie à une « entreprise libérée ». S'il est tentant de prendre exemple sur ces réussites spectaculaires et inspirantes, le management ne devra pas simplement reproduire ce qui a fonctionné ailleurs, mais plutôt construire à partir de certains facteurs clés de ce succès.

Le chiffre : 7000

C'est le nombre d'infirmières hollandaises qui se sont agrégées entre elles, en seulement sept ans, pour former l'archétype d'une entreprise libérée (sans patron, ni hiérarchie, ni process écrits, ni contrôle) reconnue pour la qualité des soins apportés aux patients et son efficacité.

LES TENDANCES JUSQU'À AUJOURD'HUI

Les progrès du management ont permis de porter l'entreprise à son plus haut point d'efficacité.

Pour commencer, l'invention des process a constitué une source de progrès majeure[203]. Avec des process, l'entreprise peut répliquer les expériences du passé dans le futur. Avec des process, les connaissances clés ne sont plus l'apanage de quelques individus, elles sont intégrées dans l'entreprise et peuvent se transmettre d'une génération de collaborateurs à l'autre. Les individus deviennent plus interchangeables ou remplaçables, tout comme les directions parfois se succèdent à la tête de l'entreprise. Ces process garantissent aussi à l'entreprise de survivre et de durer, parfois des siècles.

De nature pyramidale, les organisations ont lutté pendant des décennies contre leurs propres fonctionnements trop rigides, leurs silos, leur inertie à coups d'initiatives transverses, de création d'équipes projet, de création de fonctions transverses, de coachs... pour préserver la communication et encourager l'innovation. L'arrivée du management par objectifs (voir tendance n° 17) a constitué une autre étape importante, contribuant à sortir le management d'un mode *command and control* et laissant plus de marges de manœuvre aux entités de l'entreprise. Le management a gagné en liberté, pouvant faire preuve de talent, être créatif et envisager avec plus de latitude comment atteindre les objectifs assignés.

Mais en réalité, le management a fait considérablement gagner l'entreprise en efficience, plus qu'en efficacité. L'efficience est la capacité d'une entreprise à obtenir de bonnes performances dans un type de tâches données. Avec le temps, les organisations sont devenues de plus en plus efficientes. C'est précisément cette quête d'efficience qui a parfois engendré une décorrélation entre une performance entendue comme financière (économique) et une approche par les ressources humaines de la performance (voir tendance n° 21). L'efficacité, quant à elle, désigne le fait de produire le maximum de résultats avec le minimum d'efforts, de moyens. Et à trop vouloir optimiser, les entreprises ont parfois perdu en efficacité. Un phénomène qui s'est traduit par la montée du stress, l'émergence de pathologies au travail (voir tendance n° 22), une surcharge mentale au travail, l'excès de réunions, la surcommunication par e-mail notamment, etc. Peter Drucker ne disait-il pas, après avoir étudié le management pendant 60 ans : en définitive, « le management c'est l'art de rendre compliqué le travail des autres. »

Capitalisant sur cette inertie relative des acteurs en place et des opportunités ouvertes par le numérique, les start-up en ont profité pour débarquer à un rythme et une vitesse effrénée, remettant l'humain au cœur de l'entreprise.

Ce nouvel état d'esprit a rendu possibles des pratiques managériales inédites. L'exemple de la société High Fidelity est très parlant. Chaque salarié se voit doté d'un nombre égal de points en début de trimestre. Chaque point a la même valeur. Les salariés attribuent ensuite leurs points à leurs collègues selon leurs propres critères : vingt points à mon manager, car il m'a aidé à progresser, quinze points à tel collègue, car il s'est montré particulièrement impliqué et efficace dans le cadre de tel projet, cinq points au stagiaire de l'équipe pour l'encourager, etc. La distribution de tous ses points est obligatoire. À la fin du trimestre, chaque salarié reçoit une prime calculée en fonction du nombre de points qu'il a obtenus des autres.[204]

Si bien que l'idée d'entreprise libérée a trouvé un formidable écho, proposant aux entreprises établies une voie médiane. La notion d'entreprise libérée a été portée par Frédéric Laloux. Cet ancien associé de McKinsey & Company propose une distinction qui révèle combien les organisations ont contribué à la civilisation et indique ce vers quoi doit tendre l'entreprise, pour se libérer.

- Les organisations rouges fonctionnent grâce à un chef exerçant son pouvoir en permanence. La peur est le ciment de l'organisation.

La réactivité y est très forte du fait d'un environnement comportant des dangers. Les mafias, les *street gangs* ou les milices sont des organisations rouges.

- Les organisations ambre sont formelles et hiérarchiques. Le pouvoir est descendant au sein d'une structure destinée à être stable et à durer, remplie de process. Le futur est envisagé comme la répétition du passé. L'Église Catholique, les armées, l'administration en font partie.
- Les organisations orange ont pour objectif de battre la concurrence pour réaliser des profits et se développer. L'innovation est décisive pour rester en tête. Le management par objectifs est la norme. Les grandes entreprises en sont l'exemple parfait.
- Les organisations vertes se focalisent sur la culture de l'entreprise et *l'empowerment* des collaborateurs pour réaliser des choses extraordinaires avec des gens ordinaires. Des entreprises ayant de très fortes cultures comme Ben & Jerry's ou Southwest Airlines sont dans cette catégorie.
- Les organisations opales, plus humaines et même dotées d'une âme, resteraient à inventer.

ET DEMAIN ?

Des exemples d'entreprises libérées pourront servir de source d'inspiration au management : Buurtzorg, AES, FAVI, Patagonia...[205] Cependant, il conviendra de ne pas reproduire simplement ce qui a fonctionné ailleurs mais de construire à partir de certains facteurs clés de ce succès, en :

- ayant en tête, lors des recrutements par exemple, que si l'évolution d'une entreprise est comme une musique, les étapes de son développement seront les notes vibrant à une certaine fréquence, et les collaborateurs des cordes capables de jouer des notes variées, pour reprendre l'analogie de Clare Graves.[206] Le nombre de « notes » qu'un être humain est capable de jouer dépendant comme pour une corde, du degré de tension à laquelle il est capable de s'accommoder.

- créant les conditions d'une sécurité psychologique au travail (voir tendance n° 22), de manière à ce que des collaborateurs ayant admis que leur environnement devient de plus en plus complexe puissent se comporter comme des paires et dépasser leurs conflits interpersonnels[207].
- privilégiant le *self-management*, une logique de pairs, une culture de recherche de consensus, plutôt que la hiérarchie formelle.
- ne cantonnant plus le collaborateur à son travail, mais en le reliant à quelque chose de plus grand que lui et porteur de sens (voir tendance n° 24).
- inculquant une humilité encourageant non plus à une anticipation et un contrôle de l'avenir, mais à une adaptation permanente.
- tirant enfin les leçons de la théorie X et Y que Douglas McGregor échafauda dans les années 1960, et qui tranche le débat entre ceux qui pensent que les collaborateurs recherchent le moindre effort et évite le travail, et ceux qui au contraire les croient capables d'ambition, d'automotivation et d'autocontrôle. L'expérience a prouvé que le comportement des collaborateurs est le résultat de l'image que l'organisation leur renvoie d'eux-mêmes. Traitez-les comme des enfants et vous obtiendrez des comportements infantiles, considérez-les comme des fainéants et vous aurez peu d'effort. Considérez-les plus positivement et vous verrez des comportements plus constructifs émerger[208].

PARTIE 4
Réinventer le management

16. Le management contribue à interfacer l'entreprise avec son écosystème

Les évolutions technologiques ont rendu caduque la notion de marché en la remplaçant par celle d'écosystème. Les géants d'aujourd'hui n'ont plus rien en commun avec les gagnants d'hier. Ces nouveaux acteurs ont inventé une manière radicalement nouvelle de faire des affaires, appelée plateforme. Il en découle la nécessité d'adapter le management, à tous les niveaux, en vue de participer à la gouvernance de ces nouveaux écosystèmes, d'y prendre place et de gérer les affaires de manière inédite.

Le chiffre : 25

C'est le nombre de fois par lequel il faudrait multiplier les 17 milliards de valorisation d'Uber par un économiste reconnu, raisonnant avec des instruments classiques de finance d'entreprise et qui ne prend donc pas en compte les particularités des écosystèmes d'Internet.[209]

LES TENDANCES JUSQU'À AUJOURD'HUI

Les entreprises et leur management ont été habitués à intervenir sur des marchés. Rappelons que la production a d'abord été règlementée et contrôlée par l'État. Chacun produisait uniquement de quoi faire subvenir sa famille et achetait uniquement les denrées nécessaires, qu'il ne produisait pas, au marché du village. On parlait alors d'un *public market*. Puis, ce sont les producteurs anglais qui les premiers vendront sur le marché le surplus de leur production. Au 17e siècle, le développement considérable des foires, comme les foires de Champagne, permettra de vendre davantage, ce qui donnera naissance au *private market*, qui correspond à notre marché d'aujourd'hui.[210] Mais le monde change tellement que cette notion même de marché, pourtant si structurante pour les entreprises et leur management, en viendrait à devenir caduque[211]. Elle laisserait place à celle d'écosystème.

Ainsi un marché peut être simplement défini comme la rencontre entre une offre et une demande. Le marché est alors envisagé comme un lieu physique dans lequel des clients peuvent venir acquérir des produits prêts à être vendus. Sous l'impulsion des technologies, des plateformes gigantesques ont vu le jour pour y faire se côtoyer les uns et les autres, non plus pour acheter et vendre des produits, mais pour cocréer ensemble les futurs produits. L'écosystème d'Alibaba, veillant à constamment inclure de nouveaux acteurs afin qu'ils y proposent leurs services aux uns ou aux autres, en est un parfait exemple. Plus de lieux physiques, mais un écosystème (basé sur un gigantesque réseau) dans lequel circule une infinité de données (*big data*), exploitées par la puissance des ordinateurs (*machine learning*), le tout coordonné par Alibaba, exploitant ce qui s'y passe pour effectuer les meilleures mises en relation : le bon rouge à lèvres à la bonne cliente, le bon mannequin à la bonne marque de mode en train de réfléchir à sa prochaine campagne de publicité, le bon photographe à l'entreprise en train d'élaborer un catalogue produit, le bon rédacteur web à la marque qui réalise que les descriptions de ses produits pénalisent son référencement dans les moteurs de recherche, etc. Ce n'est plus de marché qu'il convient de parler, mais d'écosystème.

Dans un ouvrage brillant, Sangeer Paul Choudary décrit plus spécifiquement la mutation à l'œuvre[212]. Nos organisations et leur management seraient à mi-chemin d'une évolution fondamentale, les conduisant à devoir passer d'une logique de *pipes* (« tuyaux » en français) à une logique de *platform*. Historiquement, les entreprises fabriquent des produits, qu'elles poussent (en les distribuant ou les faisant distribuer) afin de les vendre à des clients. La valeur est créée en amont et consommée en aval, formant un flux linéaire, comme de l'eau coulant au sein d'un tuyau[213]. Les premières entreprises Internet suivirent d'ailleurs ce schéma. Les premiers médias sur Internet fonctionnaient en mode *pipes*, tout comme Amazon à ses débuts. Encore aujourd'hui, le management considère souvent Internet selon cette logique de tuyau, n'y voyant qu'un canal de distribution, ou de communication, additionnel.

Cependant, la combinaison de trois nouvelles forces, la connectivité généralisée, la production délocalisée et l'intelligence artificielle, a rendu possible une manière radicalement nouvelle pour les entreprises et leur management de créer de la valeur. On parle d'une économie de plateformes en référence à la façon dont des sociétés comme Google, Facebook, Amazon, Apple, Uber ou Airbnb ont su tirer profit de cette opportunité.

Les plateformes proposent des infrastructures *plug-and-play* (prêt-à-l'emploi) permettant à des entreprises et des clients d'interagir d'une manière nouvelle. À titre d'exemple, plus de 90 % des produits proposés à la vente par Amazon sont les produits d'entreprises ayant créé leurs boutiques sur Amazon, pour y vendre leurs produits aux millions de clients que le site attire, moyennant une commission sur les ventes rétrocédées à Amazon. Cette dernière se comporte ici comme un grand magasin qui permet à des marques d'y avoir un emplacement. Or, un site Internet pouvant avoir un nombre de pages illimitées, il lui devient possible de proposer beaucoup plus de produits qu'un grand magasin dont les murs ne sont pas extensibles. C'est comme cela qu'Amazon est parvenu à avoir un catalogue de plusieurs millions de produits, offerts par les marchands qu'il héberge et qu'il prend soin de mettre en concurrence, pour le plus grand bien des clients Amazon. Tandis que la logique de marché est linéaire, la logique de plateforme est celle d'un écosystème. Le management devient encore plus un organisateur, voire un chef d'orchestre devant diriger une multitude de parties prenantes afin de créer de la valeur. Une nouvelle forme de gouvernance managériale émerge de toutes pièces.

Les effets de cette évolution sont dévastateurs pour bien des secteurs et des entreprises. Les plateformes ont donné le jour à une *winner takes all economy* (le gagnant rafle toute la mise) dans laquelle de véritables géants comme Amazon ou Alibaba deviennent surpuissants, en ayant créé les conditions pour constamment distancer les entreprises de l'ancienne économie.

ET DEMAIN ?

Le management des entreprises de l'ancienne économie est naturellement prisonnier du passé. Les recettes du succès d'hier le conduisent à répliquer dans le temps ce qui a toujours fonctionné. Il n'échappe pas non plus à ce que les psychologues appellent des biais cognitifs, biaisant sa lecture de la réalité : en le conduisant à voir davantage ce qui lui est familier, ne pas voir une réalité trop menaçante bien que présente, etc. Pourtant, l'époque rend impératif pour une entreprise de se réinventer. Le management est seulement en train de faire siennes de nouvelles réalités que des métaphores déconcertantes expriment : l'écosystème est le nouvel entrepôt, l'écosystème est la nouvelle *supply chain* (« chaîne d'approvisionnement » en français), l'effet réseau[214] est le nouveau vecteur des ventes, la *data* est le nouveau dollar, le *community management* est le nouveau management des ressources humaines, la curation[215] et la réputation sont les nouveaux outils de contrôle de la qualité, la distribution est une destination, la création de comportements en ligne est le nouveau moyen de fidéliser, la *data science* est le nouveau moyen d'optimiser les process, les feedbacks des réseaux sociaux sont les nouvelles commissions sur les ventes, les algorithmes sont les nouveaux décideurs, etc.

Pour accompagner l'interfaçage de l'organisation avec son écosystème, le management doit s'attendre à devoir procéder à un examen approfondi de son entreprise et à mettre en œuvre divers plans d'actions, pour participer activement à la gouvernance de son écosystème.

- Déterminer si l'organisation dispose des capacités nécessaires pour gagner en compétitivité dans les prochaines années, dans quatre domaines critiques : la détection externe permettant aux équipes d'identifiés de de saisir de nouvelles et de futures opportunités ou menaces, l'obsession du client pour anticiper ses attentes, l'innovation à des fins d'expérimentation et d'amélioration et, l'agilité pour interagir constamment, itérer et s'adapter en continu.
- Développer ses nouvelles capacités, non plus seulement à l'intérieur de l'entreprise mais au sein de son écosystème par le biais d'alliances stratégiques et de partenariats clés.
- Définir les frontières et les composantes de son écosystème en précisant quelles fonctions, activités, métiers... doivent s'opérer au sein d'une plateforme, de façon autonome, avec des partenaires, afin de compter dans sa gouvernance.
- Auditer en permanence l'écosystème, voire la plateforme, afin de repérer ses points de faiblesse, les partenaires manquants, les besoins non couverts, les synergies en place, les points de frottement...
- Concevoir des mécanismes pour créer des liens permettant de partager des ressources, des compétences, des idées, des données. Identifier toutes les opportunités permettant d'aboutir à des scénarios gagnant-gagnant pour pérenniser et consolider le système.
- Se doter de *unit leaders* (leaders d'entités) et organiser leurs rencontres régulières en vue de partages d'expériences, de découvertes, d'initiatives, de leçons tirées, d'idées nouvelles...

17. La performance globale s'envisage autrement

La performance s'est longtemps polarisée sur une lecture purement financière des résultats de l'entreprise, qui cohabitait avec une gestion des collaborateurs par les ressources humaines. Les Anglo-Saxons ont introduit des innovations managériales destinées à corréler la contribution des collaborateurs aux performances des entreprises. Les entreprises françaises les ont très inégalement adoptées tandis que les champions du digital ont inventé des approches radicalement nouvelles.

Le chiffre : UNE SUR DEUX

C'est le nombre de personnes qui déclarent être parfois infantilisées par leur hiérarchie au travail.[216]

Les tendances jusqu'à aujourd'hui

Les évolutions récentes du monde (globalisation, progrès technologiques, nouvelles attentes sociales et environnementales...) ont mis l'entreprise sous une pression croissante. La performance devient un enjeu central de plus en plus difficile à garantir. Le management et les équipes sont aux premiers rangs.

La France a privilégié une approche basée sur la gestion des ressources humaines, tout en se laissant gagner peu à peu par une philosophie plus anglo-saxonne.

Pendant des décennies, les organisations ont adopté une approche très collective de la gestion des collaborateurs. Ne faisant pas de différenciation entre les individus et leurs contributions, cette approche a eu plusieurs conséquences : naissance d'un sentiment d'absence d'équité, non-capitalisation sur les atouts humains, désengagement progressif des collaborateurs et renforcement de la bureaucratisation. Pire, elle a conduit l'entreprise à s'enfermer dans une vision homogène d'elle-même, moyenne et peu propice à l'adaptation.

Du milieu des années 1980, aux années 2000, les entreprises sont passées à l'individualisation de la gestion des collaborateurs. Les limites en sont désormais connues : système biaisé avec une incidence sur les rémunérations, renforcement de la pression sur les individus avec comme conséquence l'explosion parfois des risques psychosociaux[217], création d'une compétition entre collègues fragilisant la collaboration nécessaire et pénalisant le collectif, rejet de ce type d'approche par les organisations syndicales...

Face à cet essoufflement relatif des deux approches, collectives et individualisées, les organisations comprennent que l'articulation du collectif et de l'individuel est un sujet fondamental mais complexe.

En trame de fond, des approches plus « business » se sont développées dans le monde anglo-saxon notamment.

- Le management par objectifs, dont la paternité revient à Peter Drucker, est devenu une norme dans le monde anglo-saxon avant de pénétrer plutôt progressivement, et très inégalement, dans nos entreprises. Il a été complété par le modèle SMART[218] de George Doran.
- Au début des années 1990, Robert Kaplan et David Norton introduisent le *Balanced Scorecard* (tableau de bord équilibré en français), une méthode qui vise à mesurer les activités d'une entreprise selon quatre axes : client, processus, apprentissage, finances. Sa vertu est de forcer les managers à se concentrer sur les métriques qui mènent au succès et surtout d'équilibrer la perspective financière avec celles du client, des processus et des collaborateurs.
- Puis la mode est aux KPI ou *Key Performance Indicators* (« indicateurs clés de performance » en français). Arrivés en France avec le raz-de-marée digital, ces derniers ont parfois permis aux directions de mieux communiquer en interne sur certaines nouvelles variables clés pour la réussite de l'entreprise (comme la satisfaction client par exemple), de tenter de mieux corréler le travail des collaborateurs aux objectifs de l'entreprise, d'irriguer une culture de management par objectifs au sein des organisations. En réalité, les KPI n'ont pas apporté un changement fondamental, faute d'une bonne appropriation et d'un bon usage par les organisations.

Plus récemment ce sont les OKR, très en vogue dans le monde numérique, qui sont apparus chez Google, à l'initiative de John Doerr qui avait expérimenté et fait mûrir cette approche chez Intel, aux côtés d'Andy Grove[219]. Un OKR ou *Objectives and Key Results* (« objectifs et résultats clés » en français) est un processus de définition, communication et pilotage des objectifs trimestriels et des résultats attendus d'une organisation. Leur raison d'être est de connecter les objectifs d'une entreprise à ceux d'une équipe et d'individus, afin de garantir un travail allant dans la bonne direction. Leur vertu est de s'assurer que chaque individu sait ce qu'on attend de son travail et dans quel objectif. Concrètement, ils consistent en une liste de trois à cinq objectifs généraux en dessous desquels trois à cinq objectifs mesurables sont listés. Chacun est doté d'un score de progression allant de zéro à cent, destiné à mesurer son niveau de réalisation, hebdomadairement. Leurs grandes nouveautés résident dans le fait que 100 % des collaborateurs ont des OKR ; les OKR sont publics et visibles, de tous et par tous, d'un service à l'autre afin d'assurer la cohérence entre les départements ; ils sont définis chaque trimestre selon un mode itératif au cours duquel un va-et-vient entre le sommet de l'organisation et la base permet de garantir la cohérence ; ils ne sont pas couplés à la politique de primes ; il est entendu que les objectifs ne sont atteignables qu'à 60/70 % et destinés à forcer le collaborateur à se dépasser, à sortir de sa zone de confort, à garder à l'esprit que le nom de la maison mère de Google est Alphabet (la lettre grecque *alpha* signifie « l'infini » en mathématique et *bet* veut dire « parier en anglais »), un jeu de mot pour dire que Google vise à progresser dans un avenir sans limites.

Plus fondamentalement, trois principes clés continuent de s'affirmer :

- la notion très forte *d'accountability* (« responsabilité » en français). L'individu est clairement attendu sur l'atteinte de résultats fixés à l'avance au sein d'organisation où la mesure est culturellement acceptée, reconnue comme fiable, objective et techniquement maîtrisée ;
- l'alignement des comportements individuels avec les aspirations de l'entreprise ;
- l'implication des individus dans l'avenir de leur entreprise.

Et demain ?

Beaucoup d'entreprises et leur management sont loin du compte. Dans une étude réalisée en collaboration avec Philonomist, L'IFOP révélait que 46 % des sondés ont le sentiment d'être parfois infantilisés par leur hiérarchie, et 45 % qu'il faudrait impliquer davantage les salariés pour débattre sur le sens de leur activité[220].

Plus généralement, en France, il est entendu que le travail est générateur de souffrance[221]. La santé au travail est devenue un sujet de société (voir tendance n° 22). Nombre de collaborateurs se retrouvent en conflit avec eux-mêmes, une fois au travail. Il s'agit soit d'un conflit éthique (sentiment d'immoralité), soit d'un conflit de valeurs (contradiction entre ce qu'ils font et leurs valeurs personnelles) : 49 % déclarent être parfois amené(e) à agir contre leurs valeurs dans le cadre de leur travail (l'IFOP), soit d'un conflit dit de « qualité empêchée », autrement dit lié au sentiment de ne pas pouvoir effectuer les choses correctement ou de ne pas pouvoir mettre en œuvre une compétence, un savoir-faire, un talent... Dit simplement, les collaborateurs ne sont pas dans les bonnes conditions pour apporter la meilleure contribution et participer à l'amélioration de la performance globale.

Les implications pour le management sont nombreuses. L'expérience a montré que ce qui est décidé en entreprise de manière non concertée encourage généralement la conformité des comportements, la baisse de l'effort et le désengagement. Un dialogue doit s'ouvrir et le management aura à aborder très concrètement des points essentiels avec un nouvel état d'esprit.

18. De nouveaux modes de collaboration voient le jour

Les collaborations à l'intérieur de l'entreprise ont fonctionné autour d'un système hiérarchique. Les collaborations entre les entreprises sont quant à elle longtemps restées régies par un système de contrats (formels ou moraux). Les organisations doivent se préparer à une évolution importante des collaborations, dans leurs variétés, leurs nombres, leurs natures et leurs degrés de formalisme.

Le chiffre : 84

C'est le nombre d'entreprises de technologie et de téléphonie mobile qui ont collaboré à l'intérieur de la Google's Open Handset Alliance, au sein d'Android, pour offrir une meilleure expérience utilisateur de téléphones équipés de ce système d'exploitation, via l'innovation.

LES TENDANCES JUSQU'À AUJOURD'HUI

La collaboration fait partie de la nature qui compte des ruches d'abeilles, des colonies d'oiseaux ou des meutes de loups. La théorie des systèmes enseigne que les êtres humains collaborent entre eux parce qu'ils ont plus à y gagner.

Il en est de même des entreprises qui existent pour une raison externe et un motif interne.

Du côté externe et selon la théorie des organisations, les entreprises se sont constituées pour pallier les nombreuses imperfections qu'un marché, sans aucune d'entre elles, compterait. Par exemple, sans des entreprises pour proposer des supermarchés, il nous faudrait aller acheter séparément les produits dont nous avons besoin. Il nous en coûterait plus d'efforts et de temps. Et chaque producteur vendrait moins de ses produits. L'entreprise crée donc une opportunité accrue pour tous.

Et en interne, l'expérience a montré qu'une équipe surpasse les performances de talents isolés. Par conséquent, les organisations sont apparues pour transformer des compétences individuelles en des capacités collectives. La raison d'être d'une organisation est de permettre à des gens ordinaires de faire des choses extraordinaires.

L'effort de la collaboration n'est pas nouveau. Le monde a toujours connu des communautés d'affaires : le Parto italien au 14e siècle, la Hanse du Moyen-âge[222], les marchands phéniciens, le Japon et ses zaibatsus et keiretsus[223], les trois géants de l'automobile américaine de Detroit, les conglomérats d'aujourd'hui, la Silicon Valley... Mais l'histoire a aussi montré que la recherche des intérêts particuliers n'aboutit pas à l'intérêt général. Des différences d'objectifs, de coûts, de risques, de cultures, de contraintes, d'horizon temporel conduisent souvent à un résultat inéquitable ne permettant pas au système de perdurer.

En réaction, des entreprises et leur management sont déjà parvenus à mettre en œuvre des collaborations d'un nouveau genre.

- Peter James Williamson de l'Université de Cambridge et Arnoud de Meyer de la Singapore Management University expliquait qu'en 2011, la collaboration au sein de la Google's Open Handset Alliance avait permis de faire travailler 84 entreprises de technologie et de téléphonie mobile au sein de l'*operating system* Android, pour offrir une meilleure expérience utilisateur via l'innovation[224].
- Dans la même veine, la société Tencent offre à différentes entreprises une plateforme technologique pour y proposer leurs produits ou services dans WeChat, au sein d'une mega app devenu une sorte d'Internet dans l'Internet en Chine : *e-payement*, transport, location de vélos, restaurants, cinémas, jeux, musique, shopping, loterie, assurance, investissements, crédit... attendent les utilisateurs.
- Lorsque Steve Jobs a finalement décidé que l'écran du tout premier iPhone devait être en verre et non plus en plastique comme initialement prévu, quelques semaines avant la sortie, ce sont de très nombreuses entreprises chinoises qui sont parvenues à former la coalition ad hoc qui a rendu possible ce défi.[225]

Lorsqu'elles se rapprochent pour collaborer, les entreprises tentent désormais d'ériger de véritables écosystèmes (voir tendance n° 16). En guise de gouvernance, la collaboration véritable se traduit par la possibilité de coordonner des ressources, activités, rôles, priorités et investissements internes et externes séparés, de façon à anticiper et répondre aux besoins des clients communs, généraliser l'innovation et opérer plus rapidement. Un résultat gagnant-gagnant durable est l'ultime mesure de l'efficacité de l'écosystème. Les conditions de réussite de ce type d'entreprises (au sens d'aventure) sont désormais établies : une profitabilité supérieure pour tous les membres du système, des solutions plus intégrées pour les clients, un accès étendu au marché, un gain de temps substantiel dans la mise sur le marché de nouveautés, un apprentissage et un renforcement des capacités de tous les membres du système.

Et demain ?

Plusieurs niveaux de collaborations se dessinent pour le management que l'on peut classer en trois cercles de plus en plus larges, ayant comme centre l'entreprise.

Le premier concernera la collaboration entre les collaborateurs eux-mêmes, qui n'est pas encore optimale dans toutes les organisations. La collaboration ne se décrète pas. Elle suppose par exemple un minimum de confiance. La dotation des équipes en outils collaboratifs ne suscite pas automatiquement plus de collaboration. Les individus sont très hétérogènes dans leurs prédispositions à collaborer, plus d'échange ne signifie pas toujours une meilleure qualité de collaboration...

Le second, un peu plus large, intégrera les acteurs de la *Gig Economy* qui se définit comme l'ensemble des travailleurs indépendants, une classe montante, formée de freelances, de micro-entrepreneurs, de personnes travaillant à domicile pour le compte d'entreprises (designers, développeurs informatiques, conseillers, etc.). Ils seraient 150 millions aux États-Unis et en Europe, selon les estimations de McKinsey & Company. S'ajouteront sans doute à eux les « slasheurs »[226], avec en ligne de mire pour les entreprises l'intention de capitaliser sur l'intelligence collective. Apprendre à collaborer avec ces nouveaux profils constitue un sujet en soi (voir tendance n° 20).

19. L'inclusion et la diversité sont en ligne de mire

L'inclusion est devenue un mot-valise transportant avec lui des enjeux aussi différents que l'égalité homme-femme, la non-discrimination ou la diversité. Si la variété des profils tend à concorder avec de meilleurs résultats pour l'entreprise et à générer de nombreux effets positifs, la gestion des politiques inclusives sera pour le management un exercice particulièrement périlleux pouvant introduire de nouveaux problèmes.

Le chiffre : 6 FOIS PLUS

C'est le nombre de chances que les organisations inclusives ont d'être innovantes et d'anticiper le changement en réagissant efficacement.[227]

LES TENDANCES JUSQU'À AUJOURD'HUI

L'égalité professionnelle entre hommes et femmes est un vieux combat auquel se sont ajoutés deux autres grands sujets : la non-discrimination et une diversité élargie.

Comme le rappel L'Observatoire de la Compétence Métier : le Littré définit froidement la parité comme une égalité entre des personnes... mais le concept de parité est l'histoire d'un combat philosophique, sociétal et politique de la relation homme-femme dans le monde de l'entreprise.

Un important dispositif a été déployé en France depuis 40 ans pour garantir l'égalité professionnelle entre les hommes et les femmes au sein des entreprises. Mais les inégalités demeurent. Le Secrétariat d'État chargé de l'égalité entre les hommes et les femmes et de la lutte contre les discriminations a édité une brochure de la parité homme-femme en 2019. Les chiffres montrent que l'égalité n'est pas atteinte : des femmes plus souvent en temps partiel subi (8,6 % des femmes contre 3,5 % des hommes), une discrimination à poste et compétences égales (9 % d'écart à poste et compétences égales), un plafond de verre omniprésent (seulement 42 % de femmes dans les comités de direction des entreprises du CAC 40).[228]

Pourtant, de nombreuses études montrent que l'égalité entre les hommes et les femmes est vectrice d'effets positifs dans les entreprises[229]. Les explications mises en avant sont :

- une créativité supérieure liée à une plus grande aptitude à l'innovation rendue possible par des échanges plus riches et des points de vue moins homogènes ;
- la démarche d'ouverture ainsi démontrée se traduit par un plus grand engagement des collaborateurs, oblige l'entreprise à adapter ses process autour de l'organisation du temps de travail, la conciliation de la vie privée et de la vie professionnelle et rejaillit sur la qualité de vie au travail pour tout le monde ;

- enfin, le souci d'égalité homme-femme revalorise la marque employeur en la rendant plus attractive et en facilitant le recrutement de talents.

À l'arrière-plan, la psychologie comportementale a fait beaucoup de chemin à l'intérieur des entreprises par le biais du recrutement. Il constitue l'une des missions les plus difficiles pour le manager : 30 % des recrutements ne s'avèrent pas judicieux alors que les études ont montré que le coût d'un mauvais recrutement est considérable.[230] Aujourd'hui nous savons que nous avons tous des biais cognitifs, autrement dit des mécanismes de pensée souvent inconscients qui entraînent des distorsions de notre jugement[231]. Il est intéressant de noter que les biais cognitifs à l'œuvre dans le cadre d'un entretien de recrutement peuvent également agir dans multiples autres situations professionnelles du quotidien : le biais de naïveté lorsqu'on se laisse séduire par l'aisance de certains au point de négliger leurs compétences, le biais de cadrage lorsque le ton ou la tournure de nos questions orientent les réponses de notre interlocuteur, le biais de conformisme qui nous pousse à rechercher quelqu'un qui nous ressemble ou qui ressemble aux autres collaborateurs, le biais d'ancrage qui nous fait nous laisser influencer par la première impression, le biais de halo quand la perception d'une personne est influencée par l'opinion que l'on a préalablement de l'une de ses caractéristiques, le biais de statu quo lorsque la différence ou la nouveauté sont perçues comme apportant plus de risque que d'avantages, le biais de confirmation qui nous pousse à recherche des informations qui corroborent ce que l'on pense déjà avec des questions destinées à renforcer nos convictions... Comme le rappellent avec humour les neuro-scientistes Bernard Anselem et Emmanuelle Joseph-Dailly[232] : le cerveau humain n'a pas été conçu pour réfléchir mais pour nous permettre de survivre. C'est pourquoi beaucoup de nos comportements sont animés en réalité par des réflexes de survie. Rechercher à faire partie d'un groupe est un exemple. À l'époque de Cro-Magnon, l'isolement était une garantie de mort très prochaine. Nous continuons à chercher refuge au sein d'un groupe, bien que des millions de gens vivent parfois très seuls aujourd'hui et n'en meurent pas pour autant. Le cerveau est en fait un organe obsolète. Tout progrès effectué par le management, les managers ou leurs collaborateurs en ce sens est naturellement souhaitable.

Plus récemment, des catégories historiquement plus marginales regroupées dans l'acronyme LGBT[233] ont attiré la lumière. La volonté de plus en plus marquée des entreprises d'être inclusives, non discriminantes, ouvertes aux différences les a conduites à afficher sur les pages de leurs sites institutionnels leur bienveillance à l'égard de ces catégories. La réalité semble un peu plus nuancée comme le rappelle McKinsey. Des inégalités fortes s'instaurent au sein même des sous-catégories de LGBT dans les entreprises, des phénomènes d'isolement apparaissent, les progressions de carrière sont plus limitées, les individus concernés ont plus de mal à s'engager dans un collectif auquel ils ne ressemblent pas.[234]

ET DEMAIN ?

Les entreprises fonctionneront invariablement comme une méritocratie. Les résultats peuvent être comptabilisés et ceux qui sont les plus performants sont récompensés. Même si en réalité, un tel système est en partie biaisé, il agit sur la psychologie des collaborateurs. Or, il y a au moins trois leçons que les entreprises et le management devront tirer.

Premièrement, les règles du jeu ne sont et ne seront jamais les mêmes pour tous. Un déterminisme social existe. Nous ne partons pas dans la vie avec les mêmes chances, comme l'a démontré le sociologue Pierre Bourdieu dans *La distinction*[235]. Deuxièmement, les systèmes créent l'inégalité. Et troisièmement, nous vivons dans un monde post-#MeToo dans lequel l'idéal méritocratique a été mis à mal.

Les directions et le management devront veiller à se préserver de comportements inéluctables mais pouvant pénaliser la richesse introduite par les politiques inclusives.

- Les défenseurs de la culture de l'entreprise pourront, à trop vouloir la préserver, empêcher l'épanouissement des profils plus atypiques. Chris Wanstrath et Max Levchin, les premiers PDG respectifs de GitHub et de PayPal sont clairement tombés dans ce travers. Les succès des deux entreprises ont été expliqués par l'adoption de politiques plus inclusives par les deux sociétés et surtout par des styles de management plus ouverts à la différence de Dan Schulman et Nat Friedman, leurs deux successeurs respectifs.

- Les « chevaliers blancs », en dépit de leurs bonnes intentions, présenteront également un risque. Ils pourront secourir les personnes issues de l'inclusivité en les aidant à se conformer à ce qui les entoure, faisant perdre à l'entreprise la singularité qu'elle était venue chercher en eux.

- Le management présentera également un risque. Lorsque le management ne fait pas attention, il peut connaître un retour de bâton. Vous pouvez envoyer une déclaration de soutien à vos collègues afro-américains mais vos collègues latino-américains peuvent alors se sentir oubliés. Et, il peut en être de même pour vos collègues indo-européens blancs.
  Un retour de bâton connu s'est produit chez Google. Selon des documents révélés lors d'un procès, le département des ressources humaines de Google avait envoyé un mémo expliquant comment les managers devaient traiter les femmes et les personnes de couleur, différemment de ceux issus de la « culture américaine dominée par l'homme blanc ».

Les efforts vers davantage d'inclusivité devront s'accompagner d'empathie, de transparence et d'honnêteté.

20. De nouveaux profils inattendus sont prisés

La pénurie de profils recherchés, couplée aux évolutions de la société quant au travail et aux besoins croissants de flexibilité des entreprises, conduira ces dernières à s'intéresser sérieusement à des profils habituellement écartés des promotions internes ou des recrutements.

Le chiffre : 70 %

C'est la part, parmi ceux qui font plusieurs métiers simultanément, qui le font par choix parce qu'ils ont besoin que leurs vies professionnelles s'articulent autour de plusieurs activités différentes, pour se sentir épanouis et ne pas s'ennuyer.

Les tendances jusqu'à aujourd'hui

Le management émane d'une croyance profonde de la société moderne : la possibilité de contrôler l'être humain et son avenir par l'organisation systématique des ressources économiques. Il est l'expression de cette croyance, rapporté à des écosystèmes que sont les organisations (entreprises, administrations, ONG...). Le management a tellement bien atteint sa finalité qu'il a même fini parfois par en oublier l'humain, privilégiant les résultats et les performances de l'entreprise.

Le phénomène n'est pas nouveau. Au 18e siècle, Adam Smith alertait déjà sur les risques de déconnexion entre les individus et leur travail. Plus récemment, un jeune homme écrivait à propos du travail qu'il découvrait alors : *« Pratiquement, le long été s'usait pour Jacques dans des journées sombres et sans éclat et des occupations insignifiantes. On ne peut pas rester sans rien faire disait sa grand-mère. Justement c'est dans ce bureau que Jacques avait l'impression de ne rien faire. Il ne refusait pas le travail [...] Mais ce travail de bureau ne venait de nulle part et n'aboutissait à rien. [...] Jacques attendait sur sa chaise l'ordre qui lui donnerait l'occasion d'une agitation dérisoire que sa grand-mère appelait le travail. »*[236] L'homme qui se cache derrière ses lignes n'est autre qu'Albert Camus, Prix Nobel de littérature.

Avec le temps, les entreprises ont appris à prendre en compte davantage la dimension humaine des collaborateurs. La notion de gestion des ressources humaines est apparue. Mais pendant longtemps, les entreprises se sont focalisées sur les cadres dirigeants et les hauts potentiels, toutes centrées sur les problématiques de remplacement de ressources clés, voire de successions. Le point d'orgue de l'analyse était la capacité à assumer une responsabilité supérieure. Les spécialisations ont également attiré tous les regards et fait la part belle à celles et ceux dotés d'une expertise.

Puis, le terme de « talents » est entré dans le vocabulaire de l'entreprise. De nombreux dirigeants considèrent qu'il s'agit d'un enjeu prioritaire. L'utilisation de la *9-box matrix*[237], permettant de répartir l'ensemble des collaborateurs en fonction de deux critères : la performance et le potentiel, s'est répandue au sein des directions des ressources humaines. Un collaborateur au maximum sur ces deux dimensions sera considéré comme un talent. Cette approche a eu un double mérite : ouvrir la porte du cénacle auquel étaient réservés historiquement les meilleurs postes à de nouveaux profils ; et inciter l'entreprise à aller chercher à l'extérieur des talents qu'elle ne trouvait pas en interne, ce qui l'a conduit par capillarisation à accepter de se faire influencer par des collaborateurs forgés dans d'autres cultures professionnelles, apportant des méthodes nouvelles et insufflant du changement.

Aujourd'hui, l'impératif de doter l'entreprise en compétences nouvelles est général. Comme le souligne le Forum Économique Mondial dans son rapport sur le futur du travail de 2020, les manques de compétences disponibles restent élevés, car les compétences recherchées dans les différents emplois évolueront au cours des cinq prochaines années. Les compétences et les familles de compétences que les employeurs considèrent comme les plus importantes d'ici à 2025 comprennent la pensée critique et l'analyse, ainsi que la capacité à résoudre des problèmes, ou des compétences telles que l'autogestion, l'apprentissage actif, la résilience, la tolérance au stress et la flexibilité. En moyenne, les entreprises estiment qu'environ 40 % des travailleurs auront besoin d'un recyclage de leurs compétences tous les six mois ou moins. Et 94 % des chefs d'entreprise indiquent qu'ils s'attendent à ce que les employés acquièrent de nouvelles compétences sur le lieu de travail, ce qui représente une forte augmentation par rapport aux 65 % de 2018.

Et demain ?

Les entreprises ont été obligées par la force des choses de s'adapter à des profils différents, qui tenaient leurs caractères atypiques simplement de la nouvelle génération à laquelle ils appartenaient (voir tendance n° 7). Les entreprises et leur management auront à intervenir sur le front interne et le front externe pour étendre cet effort d'ouverture à d'autres profils encore inédits.

En interne, les organisations devront mettre en œuvre des politiques visant à :

- clairement définir les catégories de populations importantes pour l'entreprise. Les groupes de luxe ont déjà effectué cet exercice en mettant l'accent sur le recrutement de Chinois pour tout simplement mieux appréhender le marché chinois ;
- élaborer et déployer une démarche de détection des talents dans des domaines définis ;
- préciser les modalités de leurs gestions spécifiques, s'il y a lieu.

En externe, la pénurie de talents va peut-être les conduire à devoir considérer plus systématiquement des profils historiquement *persona non grata* dans l'entreprise. Les membres de la *Gig Economy* mentionnés plus bas, les « slasheurs » ou les « zèbres » en font partie[238].

Une étude menée en France en 2015 et 2016 par le salon SME a révélé que plus de 4,5 millions de personnes (soit 16 % de personnes) sont des slasheurs et 70 % le sont par choix[239]. Les slasheurs, c'est-à-dire une personne qui a besoin que sa vie professionnelle s'articule autour de plusieurs activités différentes pour se sentir épanouie et ne pas s'ennuyer, ne sont ni instables, ni touche-à-tout, ni inadaptés pour le monde du travail. Certes ils n'entrent pas dans les standards du travail mais ils se révèlent avoir une valeur ajoutée salutaire pour faire face aujourd'hui aux évolutions exponentielles du monde du travail.

Comme en témoigne Marielle Barbe, auteur de *Profession Slasheur* : « quand j'ai fait mon "*coming out* professionnel" et ai enfin osé revendiquer l'hybridation de ma vie professionnelle, ma grande surprise a été de découvrir que de nombreuses personnes se reconnaissaient elles aussi dans ce fonctionnement et me remerciaient de leur donner la permission de s'affranchir à leur tour du diktat de la monoactivité. »[240] Le management devra apprendre à travailler avec ses collaborateurs à temps partiel ou simplement de passage. Il s'agira de parvenir à les intégrer rapidement à une équipe, de les protéger des facteurs étouffants ou bloquants que pourrait engendrer la culture de l'entreprise, afin qu'ils puissent donner le meilleur.

Sans être nécessairement des slasheurs, les surdoués bien souvent ignorent leur spécificité. Ils constituent parfois de précieuses ressources pour les entreprises. Le paradoxe est qu'elles ont peur de recruter ces profils « à risque », car potentiellement des « hauts potentiels », à condition de trouver l'alchimie entre l'entreprise et eux. Quand elles en comptent dans leurs effectifs, les entreprises les mettent souvent à l'écart, les laissent partir, voire les font fuir. Le management devra comprendre que ces « zèbres », comme on les surnomme, sont de véritables capteurs des incohérences d'une organisation et profiter de cet œil critique qui trop souvent manque. Par ailleurs, il faudra adopter un autre regard sur ces hauts potentiels d'un nouveau genre, en abandonnant cette vision de personnes « à part » qu'il faut traiter différemment des autres, mais plutôt les considérer comme des éclaireurs qui peuvent apporter des solutions pour améliorer leur environnement.

PARTIE 5
Réenchanter le management

21. La contribution de chacun est repensée

Les entreprises sont passées d'une gestion très quantitative des ressources humaines à une approche plus qualitative et plus fine. Les évolutions économiques, sociales et des mentalités ont donné naissance à de nouvelles aspirations chez les collaborateurs qu'il faut conjuguer avec une quête de performances grandissante. En réponse, les entreprises et le management ont adopté de nouveaux mantras : engagement, expérience collaborateurs, gestion des talents... ouvrant un vaste domaine d'innovations managériales.

Le chiffre : 2 000 €

C'est le montant du chèque que remet systématiquement Zappos à toute personne au bout d'un mois de période d'essai si elle préfère quitter l'entreprise sur-le-champ plutôt que de poursuivre l'aventure. Un moyen pour Zappos de s'assurer qu'un nouveau collaborateur n'est pas là simplement pour le job, mais aussi parce qu'il est engagé dans la cause que défend l'entreprise.[241]

LES TENDANCES JUSQU'À AUJOURD'HUI

Jim Collins, l'un des plus influents *business thinkers* contemporains, commençait son livre *Good To Great* en écrivant que les entreprises n'avaient jamais atteint un tel niveau qu'aujourd'hui. Que ce soit en termes de qualifications des employés, d'expertises métiers, de niveaux de compétences, de maîtrise des process, de maturité stratégique... Nous sommes donc dans un monde où il ne suffit plus d'être bon (*good*), mais dans lequel il faut être excellent (*great*), d'où le titre de son ouvrage, considéré désormais comme un classique. La solution à cette nouvelle exigence se situe chez les hommes, ceux qui les managent et les dirigent.

Cet état de fait a alors obligé les entreprises à répondre à une question nouvelle : comment permettre aux collaborateurs de pleinement exprimer le potentiel qu'ils recèlent ? Les entreprises sont alors passées d'une gestion quantitative des collaborateurs, en appliquant les mêmes dispositions à tous dans un monde où la nature du travail a été plus standardisée et moins évolutive, à une approche plus qualitative. Dans les années 1990, elles ont commencé à segmenter leurs effectifs et à adopter des approches plus individualisées. Le management, et non pas seulement les ressources humaines, ont œuvré en ce sens.

À l'arrière-plan, GE continuait à être le modèle dont il fallait s'inspirer. L'entreprise avait mis en place une politique obligeant chaque manager à présenter chaque année à leurs propres n+1 la liste des membres de leurs équipes classés en trois catégories : les A (hauts potentiels), les B (les moyens à faire progresser), les C (dont il fallait se débarrasser). Le process obligeant les managers à classer a minima 10 % de l'effectif dans la troisième catégorie, ces derniers se sont retrouvés sous la pression à devoir y mettre stagiaires, personnes en arrêts-maladie, préretraités sur le départ... Cette déviance fut révélée dans la presse.[242] Les entreprises françaises ont quant à elles adopté des pratiques plus modérées. Mais une myriade d'efforts ont conduit bien des organisations à des résultats décevants, voire à perdre de vue l'essentiel.

En trame de fond, une approche radicalement nouvelle de la contribution de chacun s'exprime à présent avec des termes comme l'expérience collaborateurs ou l'engagement. Elle vient à la fois répondre à des évolutions profondes, autant qu'elle si heurte :

- La motivation décline en France – La France est à l'avant-dernier rang du classement des collaborateurs européens les plus engagés. Seuls 6 % des salariés sondés s'affirmaient engagés en 2018 contre 9 % en 2015. Aux États-Unis, le chiffre est de 33 %. Pire, un Français sur cinq s'estime totalement désengagé de son job.[243]
- Les grandes entreprises ne font plus rêver – Hier très attractives pour les salariés, car proposant des rémunérations plus élevées, des avantages sociaux et financiers, une sécurité de l'emploi... les grands groupes constatent que la confiance est rompue.
- Le modèle productiviste est remis en cause – La course à la productivité, à la rentabilité et à la performance tend à épuiser les managers et leurs équipes. L'entreprise ne garantissant, voire ne proposant plus les mêmes avantages qu'auparavant, les travailleurs ont pris acte du nouveau contrat : travail contre salaire tant que les deux parties ont besoin l'une de l'autre. En contrepartie, ils réclament que leur travail ait du sens.
- La prise de recul vis-à-vis du CDI – un actif entrant aujourd'hui sur le marché du travail changera en moyenne quatre ou cinq fois d'entreprises au cours de sa carrière. Les moins de trente ans ont souvent déjà travaillé dans trois entreprises. De nouvelles formes de travail voient le jour : les reconversions professionnelles augmentent, le *freelancing* se développe, on exerce simultanément plusieurs métiers... (voir tendance n° 20). Ces situations pourtant plus précaires deviennent socialement acceptables.

- La fébrilité du management qui doit, s'il veut susciter l'engagement, accepter de laisser davantage de liberté et d'autonomie aux collaborateurs. Une posture nouvelle à laquelle bien des entreprises ne sont pas préparées et que le télétravail généralisé, contraint par la crise de la Covid-19, a révélée : peur d'une perte de contrôle de l'entreprise sur ses managers et des managers sur leurs équipes.[244]

ET DEMAIN ?

Le désengagement est un sujet majeur. Du côté négatif, le coût du désengagement au travail (absentéisme, *turnover*, diminution de la qualité du travail, baisse de la satisfaction client...) était estimé à 97 milliards d'euros en France en 2018. Du côté positif, il permet aux entreprises de faire la différence sur leurs concurrents et d'atteindre de meilleures performances ; si tant est que l'entreprise apprenne à manager ses « talents ». Car les collaborateurs de talents, pour faire la différence, ont besoin d'être positionnés aux bons endroits, aux bons moments, avec les moyens nécessaires et les bons outils.

Le vaste chantier de l'engagement des collaborateurs est loin d'être achevé. Gallup, une société pionnière dans la recherche et dans l'étude du management, conduit chaque année depuis des décennies la plus grande étude visant à déterminer ce qui distingue l'engagement de leurs collaborateurs des entreprises les plus performantes. Il y a douze éléments : je sais ce que l'on attend de moi au travail ; j'ai le matériel et l'équipement dont j'ai besoin pour bien faire mon travail ; au travail, j'ai la possibilité de faire ce que je fais le mieux chaque jour ; au cours des sept derniers jours, j'ai reçu de la reconnaissance ou des éloges pour avoir fait du bon travail ; mon superviseur, ou quelqu'un au travail, semble s'intéresser à moi en tant que personne ; il y a quelqu'un au travail qui encourage mon développement ; au travail, mes opinions semblent compter ; la mission ou l'objectif de mon organisation me fait sentir que mon travail est important ; mes associés ou collègues de travail s'engagent à faire un travail de qualité ; j'ai un véritable ami au travail ; au cours des six derniers mois, quelqu'un au travail m'a parlé de mes progrès ; au cours de la dernière année, j'ai eu des occasions d'apprendre et de m'épanouir au travail.[245]

Une longue liste indiquant la voie à suivre par le management demain.

Plus fondamentalement, si les entreprises entendent attirer, retenir et même faire progresser les meilleurs dont elles ont besoin pour leur propre avenir, leur management devra manier avec précaution la subtile équation composée des compétences, de l'engagement et de la contribution.

Les compétences devront être gérées de manières nouvelles. Il n'est plus nécessaire pour une entreprise de les avoir toutes en interne puisqu'il est désormais possible de faire appel à un nouveau contingent de travailleurs disponibles (voir tendance n° 20). Les compétences auront à se mailler à de nouvelles technologies (robotique, intelligence artificielle, automatisation...). Elles devront surtout ne plus seulement vivre leur vie en interne mais se connecter aux attentes des clients de l'entreprise. L'entreprise ne devra plus être simplement un employeur de choix mais devenir l'employeur des employés que ses propres clients éliraient employés du mois. Quant aux pires collaborateurs, il sera judicieux de les aider à rejoindre la concurrence en veillant à ce qu'il continue à faire comme ils ont toujours fait.

L'engagement devra être également managé, car s'il conduit un collaborateur à travailler davantage, il ne garantit pas la productivité, ni l'adéquation systématique des initiatives prises avec les priorités de l'entreprise, ni son niveau élevé dans le temps puisque tout homme peut s'essouffler à force d'avoir couru trop vite, depuis trop longtemps.

La contribution est sans doute le plus subtil des termes de l'équation. C'est elle qui fait passer l'individu du comportement à l'émotion suscitée généralement par le sentiment de participer à quelque chose de plus grand que soi qu'accomplit l'entreprise (voir tendance n° 2).

22. L'épanouissement personnel est pris au sérieux, vraiment

Les entreprises ont beaucoup évolué sur la question du « bonheur au travail », comprenant que l'épanouissement au travail, lui-même généré par la qualité de vie au travail, peut se traduire positivement dans les résultats de l'entreprise. Les regards devront se porter sur le travail lui-même, sur l'amélioration des conditions dans lesquelles il s'effectue, plus que sur les individus.

Le chiffre :

ENTRE 3 ET 4 POINTS DE PIB

C'est le coût en France de la « forte pression subie au travail et de l'absence d'autonomie dans l'organisation du travail, les méthodes et dans l'ordre des tâches à réaliser » sur la santé, soit entre 1,9 et 3 milliards d'euros.

LES TENDANCES JUSQU'À AUJOURD'HUI

Historiquement, le travail rime avec pénibilité. Dans l'Antiquité, il est assuré par des esclaves. Puis, le Christianisme véhiculera l'idée qu'il est une punition symbolique causée par le péché originel d'Adam et Ève. Au Moyen-Âge, les nobles et le clergé se l'interdisent, laissant les basses œuvres aux serfs et aux vilains. L'éthique protestante revalorise un temps le travail mais la révolution industrielle introduit l'exploitation du prolétariat par le capitalisme. Dans l'inconscient collectif, l'image du travail reste marquée par Germinal de Zola, les Temps modernes de Chaplin. La notion de « bonheur au travail » a pourtant vu le jour récemment, mettant à bas une vision du travail nourrie de notre culture, de notre éducation et par bon nombre d'entreprises.

Les prémices des recherches sur le « bonheur au travail » s'effectuent dans les années 1960, sous l'impulsion d'Abraham Maslow qui étudie les motivations. Dans sa foulée, toute une génération de sociologues des organisations (Michel Crozier, Pierre Morin, Renaud Sainsaulieu) comprend que la motivation est essentiellement extrinsèque, autrement dit liée à l'environnement de travail. La motivation de chacun variera en fonction du sens qu'il trouvera à son travail, sa place dans l'organisation, ses relations avec son équipe et sa hiérarchie, la reconnaissance (monétaire et non monétaire) et le niveau de sécurité de l'emploi.

Le thème de la qualité de vie au travail (QVT) apparaît progressivement en France. Les années 1970, avec la création notamment de l'ANACT[246], restent toujours marquées par une vision doloriste du travail. Il s'agit essentiellement de développer une réglementation et des incitations visant à protéger la santé physique des salariés. C'est seulement dans les années 2000, à la suite des suicides au travail qui ont marqué la période, qu'a été pris en compte le domaine de la santé mentale. De nouvelles notions entrent dans le vocabulaire commun comme celle de *brown-out* : la perte de sens au travail pour les collaborateurs, ce qui entraîne une baisse de leur engagement et de leur implication. Le *bore-out* : un syndrome d'épuisement professionnel dû à l'ennui provoqué par le manque de travail. Ou celle plus grave de *burn-out*, définie par Herbert Freudenberger comme la façon qu'a un individu de mettre une barre trop haut à ses objectifs et pour Christina Maslach comme la conséquence d'un combat acharné entre un individu qui veut travailler correctement et un système qui l'en empêche, le plus souvent de façon involontaire. La prise de conscience de ces nouvelles pathologies contractées au travail s'est accélérée avec l'apparition pour la première fois en 2009, par voie de justice, de la notion de « harcèlement managérial ». La Cour de cassation évoque « un ensemble de pratiques managériales conduisant à un harcèlement moral »[247]. Depuis, les entreprises se montrent plus attentives aux pratiques managériales dites toxiques. Ainsi en 2020, 157 cas de harcèlement ont été décelés chez Michelin, provoquant 11 départs de l'entreprise[248].

Le thème des conditions de travail existe depuis longtemps dans l'entreprise mais il se traduisait par une approche défensive : préserver l'image de l'entreprise, contenir les excès trop visibles, réduire les arrêts maladie, prévenir les addictions... La notion de travail et de bonheur était encore largement dissociée. Mais à l'arrière-plan, l'attention portée au travail a évolué de manière constructive depuis les premiers travaux de la médecine du travail. La notion de fatigue mentale des ouvriers de la chaîne de montage ou des demoiselles du téléphone a vu le jour. Puis, les notions de stress, de burn-out et de harcèlement au travail[249]. Le point positif est que nous décollons notre attention de l'individu et de ses capacités d'adaptation pour diagnostiquer davantage le travail lui-même, son contexte et les conditions d'apparitions du mal-être.

Récemment, les entreprises ont compris que se cachaient, derrière la notion très à la mode de « bonheur au travail », des enjeux économiques considérables.

- La qualité de vie au travail est d'abord une source de coûts. Le Bureau international du travail évalue le coût du stress entre 3 et 4 points du PIB des pays industrialisés. Et l'INRS a évolué le coût en France de la « forte pression subie au travail et de l'absence d'autonomie dans l'organisation du travail, les méthodes et dans l'ordre des tâches à réaliser » sur la santé, entre 1,9 et 3 milliards d'euros[250].
- Le « bonheur au travail » constitue aussi une opportunité : celle de se doter d'un avantage compétitif rentable. Dans sa recherche extrême de maximisation de la valeur pour l'actionnaire (voir tendance n° 2), l'entreprise est devenue destructrice pour la nature, la société et les hommes. Cette approche court-termiste l'a même parfois rendu moins efficace et moins rentable. Par contre, les bénéfices pour l'entreprise du « bonheur au travail » sont multiples :
  - Les collaborateurs heureux sont 55 % plus créatifs et 31 % plus productifs[251].
  - Les entreprises qui rendent possible le « bonheur au travail » voient 50 % de *turnover* des employés en moins et performent mieux en Bourse entre 1997 et 2014, selon l'institut Great Place To Work qui évalue depuis 30 ans, les employeurs les plus attractifs dans 40 pays.
  - 41 % d'absentéisme en moins et 70 % d'accidents en moins dans les départements de l'entreprise où les salariés sont les plus engagés, selon Gallup[252].
  - Les collaborateurs heureux coûtent moins cher puisque le coût d'un salarié désengagé équivaut à 34 % de son salaire annuel selon Gallup. Ils sont en moyenne 17 % plus productifs, génèrent 20 % de ventes et 21 % de profit en plus.
  - Les clients des entreprises où le « bonheur au travail » est le plus élevé en bénéficient. Gartner a établi une corrélation directe entre la qualité de l'expérience vécue par les employés et la

qualité de l'expérience client. Une hausse de 2 % de satisfaction des employés engendre une amélioration de 1 % de la satisfaction des clients[253].

Et demain

Une approche systémique devra être mise en œuvre par les entreprises et leur management afin de repenser l'ensemble des paramètres organisationnels : les pratiques managériales, l'organisation du travail, les modèles d'autorités existants, l'environnement physique, psychologique et émotionnel, les degrés d'autonomie, la culture de l'entreprise et ses sous-cultures, les formes de reconnaissance, etc.

Les actions en faveur du bien-être devront être centrées sur le travail et prendre en compte une autre réalité : la surcharge mentale des collaborateurs liée entre autres à la prolifération et l'invasion dans le travail des nouvelles technologies. Les recherches font émerger un consensus autour de conclusions : notre niveau d'attention en pâtit, notre stress augmente, notre énergie chute, nous nous déconnectons de la réalité, notre mémoire flanche, notre QI régresse, la créativité s'éteint[254]. L'optimisation du temps laissé aux collaborateurs pour faire leur travail est devenue un enjeu pour le management, comme l'a démontré Ashley Whillans de l'Université de Harbard, dans *Time Smart*[255].

Les managers devront être largement sensibilisés, associés et impliqués à la démarche générale. En 2010 déjà, dans le rapport « Bien être et efficacité au travail de 2010 », Henri Lachmann, Muriel Pénicaud et Christian Larose écrivaient que « Le manager est le premier acteur de la santé au travail. » Dans les faits, le manager s'est de moins en moins occupé du travail réel. Il est plutôt devenu un spécialiste de l'organisation, fixant des objectifs, ajustant les moyens au sein d'entreprises tendues vers la performance, mais oubliant parfois un peu trop l'humain. Un management de proximité est peut-être à inventer. Et les managers devront apprendre à faire cohabiter bienveillance et performance.

Pour finir, dans un monde devenu de plus en plus anxiogène, la question de la sécurité psychologique deviendra centrale. En 2016, Google a lancé une vaste étude interne dont l'objectif était d'identifier les caractéristiques de leurs équipes les plus performantes. Le projet est baptisé *Project Aristotle* en hommage au philosophe, père de la psychologie et premier analyste des relations interpersonnelles.

Les résultats sont surprenants : ni QI, ni diplôme, ni profils psychologiques x ou y, ni genres, ni méthodes de projets, ni outils de management... n'y figurent. Les cinq caractéristiques que partagent les équipes de Google les plus performantes sont :

- la sécurité psychologique (les individus savent que s'ils prennent des risques, leurs managers les soutiendront, les protégeront, voire les défendront en cas de problème) ;
- l'équipe a des objectifs clairs ;
- chaque rôle a du sens ;
- tous les individus sont des personnes fiables ;
- l'équipe est intimement convaincue de la raison d'être de sa mission et que le travail accompli peut faire la différence.

La notion de sécurité psychologique a été approfondie depuis par Amy C. Edmondson de la Harvard Business School, qui appelle de ses vœux « d'accepter, pour de bon, la difficulté de mesurer la productivité du travail intellectuel. Cela signifie qu'il faut accepter de faire confiance aux gens pour qu'ils utilisent leur ingéniosité et leur créativité afin de progresser, ensemble, dans la poursuite d'objectifs difficiles, pour lesquels il n'existe pas de recettes simples. Cette nouvelle réalité remet en question notre "pensée KPI", c'est-à-dire la tendance à assimiler l'effort aux résultats de manière simple, au lieu de reconnaître la complexité réelle et l'incertitude de la relation entre l'effort et les résultats.[256] »

23. Le management se résigne à devenir ambidextre

Pour satisfaire à l'impératif d'adaptation, les entreprises doivent simultanément apprendre à gérer l'existant (exploitation) et à préparer l'avenir (exploration). Il en ressort pour le management de devoir apprendre à devenir ambidextre et la nécessité de contribuer à inculquer un nouvel état d'esprit dans l'organisation.

Le chiffre : 10 %

C'est la part des 500 plus grandes entreprises du monde qui affirment se défaire des anciennes méthodes d'évaluation annuelle des objectifs, uniquement centrée sur l'activité historique de l'entreprise, pour mettre en place des systèmes plus continus et plus étendus de mesure de la performance des individus.[257]

Les tendances jusqu'à aujourd'hui

Depuis son apparition, le management a toujours dû préserver un équilibre dynamique entre le changement et la continuité, sans quoi les organisations finissent par périr[258].

L'histoire a plutôt montré que les entreprises florissantes semblent vouées à devenir les prisonnières de leurs succès passés et parviennent difficilement, et même rarement, à se réinventer pour s'adapter. On parle de *success syndrom* (« syndrome du succès » en français) : la fierté liée au succès du passé empêche les comportements d'évoluer pour s'adapter à une nouvelle réalité du marché. Si aucune entreprise n'est vouée à être éternelle, une mort n'est pas inévitable et les entreprises qui s'adaptent le mieux peuvent prospérer. La société japonaise Kongo Gumi, fondée en 573 a su se réinventer depuis plus de 1 400 ans[259]. La plus ancienne entreprise américaine, The Hudson Bay Company, brille depuis plus de 350 ans. Et la Monnaie de Paris a été fondée au 9e siècle. Cependant, l'évolution de l'environnement des entreprises a fait de l'innovation un impératif pour rester dans la course ou disparaître. Et l'exercice est difficile. Les recherches les plus récentes ont fait ressortir que sur 10 projets ayant engendré un investissement de 100 000 dollars, six échoueront, trois connaîtront un succès relatif et un seul s'avèrera un relais de croissance[260]. Les géants du numérique, pourtant mieux préparés à l'innovation, ne sont pas épargnés. Qui se souvient d'iGoogle, de Desktop, Notebook, Sidewiki, Knol, Health ou encore de Reader, autant de tentatives mort-nées pour lesquelles Google avait pourtant investi beaucoup d'argent[261].

Les entreprises et leur management semblent désormais condamnés à devoir simultanément gérer une activité existante (*exploitation*) et développer ce qui lui permettra de survivre demain (*exploration*). Depuis la parution de l'ouvrage de Clayton Christensen, *The Innovator's Dilemma*[262] qui fit date, toutes les recherches ont confirmé cet impératif et ont amplement souligné que ces deux nouveaux visages de l'entreprise se font la grimace, puisqu'antagonistes. *L'exploitation* et *l'exploration* diffèrent sur au moins cinq points :

Le focus – *L'exploitation* se préoccupe d'efficience et de croissance. *L'exploration* se focalise sur la recherche et la rupture.

L'incertain – Il est faible du côté de *l'exploitation* et très élevé du côté de *l'exploration.*

La philosophie financière – *L'exploitation* engendre des profits constants et des dividendes. *L'exploration* suppose un état d'esprit de capital-risqueurs, de prise de risque, d'investissement important avec de faibles chances de succès, mais un résultat exceptionnel si le succès est au rendez-vous.

La culture et les process – *L'exploitation* est le monde de l'exécution linéaire, basée sur des plannings, de la prévision et la réduction de l'échec au minimum. *L'exploration* favorise la rapidité d'exécution, tolère davantage l'échec, procède par itérations, apprend et s'adapte rapidement et constamment.

Les équipes et les compétences – *L'exploitation* repose sur un management robuste, expert en organisation et en planification, capable de mettre en place des process efficaces pour respecter des plannings, des budgets et atteindre des objectifs assignés en amont. *L'exploration* favorise les profils capables de naviguer entre une vision et des détails opérationnels, capables d'identifier des facteurs clés de succès avenir, de sentir de nouvelles attentes du marché, imaginer des nouveaux usages, dans une incertitude culturellement acceptée comme allant de soi.

Cette dualité dans laquelle les entreprises sont prises s'est naturellement répercutée sur le management. L'impératif d'adaptation projette le management au centre de contradictions, puisqu'il doit désormais simultanément gérer des tensions entre : créativité / discipline, innovation / exécution, humilité / audace, liberté / responsabilité, coûts / qualité, court-terme / long-terme, prudence / courage, analyse / action, idéalisme /

pragmatisme, continuité/changement, réalisme/vision, valeurs/résultats, raison d'être/profits.

Et demain ?

En préambule, une sensibilisation des équipes à ce nouveau mode opératoire ambidextre devra être opérée au sein de toute l'organisation. Le management devra régulièrement se reposer des questions de fond comme : les collaborateurs savent-ils clairement ce que nous sommes en train d'essayer d'accomplir ? Sont-ils motivés en ce sens ? L'organisation de l'entreprise rend-elle possible cette gestion simultanée, contradictoire, ambidextre ? Mesurons-nous et récompensons-nous les bonnes choses ? Avons-nous un système permettant de mesurer les avancées de *l'exploitation* et *l'exploration* ? Les collaborateurs partagent-ils un minimum d'attentes communes relatives au résultat visé ? La culture de l'entreprise est-elle favorable à cette double gestion ? Le management devra garantir l'alignement de l'organisation et de ses collaborateurs. Cette nouvelle mission pour le management est considérée comme fondamentale puisque les résultats, les succès et les récompenses propres à l'exploitation pourront être toxiques pour son hémisphère exploration, et vice versa. Les efforts récents de conduite du changement des entreprises ont largement démontré que l'activité historique d'une entreprise peut étouffer une activité émergente et qu'inversement, une activité émergente peut cannibaliser, rendre obsolète ou dérégler l'activité première de l'entreprise.[263] En 1974, quand un ingénieur de Kodak réalisa le premier prototype d'appareil photo numérique, la direction écarta le projet de peur qu'il fasse de l'ombre à l'activité traditionnelle de vente de pellicules photo.[264]

Les entreprises et leur management ambidextre auront à insuffler une toute nouvelle dynamique intellectuelle, psychologique et humaine au sein des équipes qui impactera en profondeur la culture de l'entreprise (voir tendance n° 5). Sous son impulsion et avec le soutien de la direction, le management accompagnera de nouvelles transformations :

- L'état d'esprit général devra muter. Hier, le management s'appuyait sur l'expérience et l'avis des experts, planifiait, mettait en œuvre en considérant que l'échec n'était pas acceptable. Demain, il devra admettre qu'il ne sait pas et adopter une posture de débutant face à la nouveauté incessante. La recherche de solution l'animera et l'idée que toutes les initiatives ne réussiront pas sera admise.
- Le rapport au risque et à l'incertain changera. Hier, tout était mis en œuvre pour les réduire. Demain, il conviendra de les accueillir comme des occasions d'expérimenter, d'apprendre, de s'adapter.
- La manière de travailler évoluera. Hier, le travail se faisait sous forme de séquences organisées autour d'un plan prédéfini. Demain, le travail sera beaucoup plus itératif et le prototypage une pratique courante.
- L'attitude face à l'échec se transformera. Hier inacceptable, soigneusement évité voire sanctionné, l'échec sera accepté comme un effet inévitable de l'exploration, de l'innovation, dès lors qu'il devient une source d'apprentissage et de progrès pour l'entreprise et ses collaborateurs.
- Les raisons pour lesquelles les individus sont récompensés changeront. Hier récompensés pour le respect de planning, de budget, de process et parfois pour l'atteinte d'objectifs, les collaborateurs devront l'être pour avoir osé, essayé, tenté, appris, partagé les enseignements tirés.
- Les délais de décision évolueront. Hier, le temps était laissé à l'analyse, à l'évaluation des avantages et des risques. Demain, les décisions se feront plus rapides, réversibles, prises dans un esprit de *test and learn* et de *fail fast*[265].
- Les choix d'investissement ne seront plus les mêmes. Hier longuement mûris, planifiés, mesurés à l'avance, conséquents et engageants pour l'entreprise, les investissements seront davantage

des successions de petits paris et le fruit de décisions prises avec la force de l'évidence.

- Enfin, ce qui est valorisé changera. Hier, la rigueur du management, sa capacité à planifier et à mettre en œuvre conformément à ce qui a été décidé sera peu à peu remplacée par la capacité à gérer l'ambiguïté, à décider et se décider à mettre en œuvre rapidement, à s'adapter, à tester tout en contenant le risque.

24. Le *sustainable* irrigue tous les esprits

L'impératif écologique oblige les entreprises à se positionner dans la longue marche, qu'il faudra pourtant effectuer au pas de course, vers la durabilité. Le management aura une mission cruciale l'obligeant à préciser le rôle spécifique que son entreprise entend jouer en termes de durabilité et aider celle-ci à effectuer les bons choix stratégiques.

Le chiffre :

ENTRE 100 000 ET 150 000 MILLIARDS DE DOLLARS

C'est le montant de l'investissement global que le monde devra fournir d'ici 2050, pour transformer son économie et devenir durable.

LES TENDANCES JUSQU'À AUJOURD'HUI

Le World Resources Institute table sur 9 % d'augmentation des calories alimentaires nécessaires pour nourrir 9,3 millions de personnes en 2050[266]. La Banque mondiale estime que 4 milliards de personnes pourraient connaître une pénurie d'eau d'ici 2025.[267] Les accords de Paris ont fixé à 2 °C la limite d'augmentation de la température. Les défis que le monde sera obligé de relever généreront une transformation massive de l'économie mondiale et nécessiteront des investissements d'un montant total estimé entre 100 000 et 150 000 milliards de dollars d'ici 2050.[268] Les entreprises qui ont largement contribué à la crise écologique depuis des siècles se voient sommées de fournir un effort pour le bien commun. Sur les cent principales entités du monde en termes de revenus, soixante-neuf sont des entreprises[269]. Devenues plus puissantes que jamais, les entreprises continuent à générer trop d'externalités négatives. Le management se retrouve confronté à un nouvel enjeu considérable.

En trame de fond, une nouvelle dynamique s'est mise en place. Roland Berger identifie quatre facteurs[270] qui concourent à faire de la durabilité une priorité stratégique pour les entreprises et leur management :

Tout d'abord, le changement de mentalité du public. Il est loin le temps où les personnes se concentrant sur la durabilité étaient, au mieux, dépréciées. Qu'il s'agisse des Vendredis pour l'avenir ou du Mouvement international des jeunes pour le climat, la durabilité est un sujet d'intérêt général. Et surtout les jeunes – les futurs clients ! – du monde entier se font de plus en plus entendre pour la défendre.

Deuxièmement, le rôle des marchés financiers. La lettre de Larry Fink (PDG de Blackrock) aux entreprises de son portefeuille, dans laquelle il exige avec insistance un engagement en faveur de la durabilité, en est un exemple très marquant. De nombreux investisseurs pensent de même et intègrent leurs valeurs dans leurs choix d'investissement. Sans surprise, les actifs sous gestion des fonds intégrant des principes de durabilité ont connu une croissance significative au cours de la dernière décennie (croissance annuelle composée de 18,6 % sur la période 2010-2018 aux États-Unis).

Troisièmement, la montée en puissance de la pression politique et de la réglementation. Cela peut être observé à tous les niveaux de gouvernance. Cela commence par des restrictions locales, comme les grandes villes telles que Pékin qui limitent l'utilisation des véhicules à l'intérieur de la ville. Elle englobe également des actions internationales, comme l'exigence de l'Union européenne de recycler au minimum 85 % des véhicules vendus dans l'UE. En outre, nous avons constaté une augmentation du soutien politique aux entreprises durables ou aux start-up par le biais de financements ou de subventions spécifiques.

Enfin, la conviction de faire ce qui est juste. Roland Berger considère que la conviction joue un rôle crucial dans l'engagement d'une entreprise en faveur de la durabilité. Car, en fin de compte, les entreprises sont dirigées par des personnes - des personnes qui se sentent concernées, qui veulent faire ce qu'il faut et qui sont convaincues que la durabilité doit être au cœur de leurs actions.

Le BCG a d'ores et déjà identifié six facteurs clés de succès de transitions réussies des entreprises vers une durabilité. Ils constituent tous les six des chantiers majeurs pour le management, dès aujourd'hui :

- Rattacher la stratégie de durabilité à une cause - une stratégie de durabilité doit s'inscrire dans la création de valeur à long terme, s'ancrer dans la mission de l'entreprise (et non coexister avec elle ou s'y substituer) et être pleinement insufflée et pilotée par la direction, épaulée par le management.
- Capturer de la valeur - une stratégie de durabilité qui ne permet pas à l'entreprise de continuer à s'enrichir, voire de s'enrichir davantage, sera toujours tôt ou tard pénalisée par la recherche de

création de valeur pour l'actionnaire, dont l'entreprise est encore tributaire (voir tendance n° 2).

- Construire un business durable – tandis que la durée de vie des entreprises a tendance à se réduire, le *sustainable* est peut-être l'occasion pour les organisations de se réancrer dans la durée.
- Englober le *core business*[271] dans la durabilité – une stratégie de durabilité doit impérativement commencer par transformer l'activité principale de l'entreprise et la rendre elle-même *sustainable* et pas seulement ses entités périphériques comme des entreprises rachetées.
- Se donner les moyens – une transformation de la façon dont une entreprise opère est un chantier parfois gigantesque nécessitant des investissements, des ressources et le développement de nouvelles capacités.
- Produire le bon discours – le sujet lui-même est porteur de sens en interne et en externe. L'occasion est donnée aux entreprises et au management de mobiliser l'être humain autour d'un projet aspirationnel.

Unilever, sous l'impulsion de son PDG Paul Polman arrivé en 2010, fournit un bel exemple de la façon dont une grande entreprise peut effectuer une transition vers la durabilité et tendre vers un capitalisme responsable.[272] Des initiatives de Michelin, Porsche, DHL ou Goldman Sachs sont également régulièrement citées en exemples. En France, le Hub Institute suit en continu ce qui se fait dans le domaine[273].

ET DEMAIN ?

Le développement durable et les questions environnementales, sociales et de gouvernance (ESG) auront une incidence croissante sur la manière dont toutes les entreprises exerceront leurs activités. De plus en plus d'entreprises, et leurs investisseurs reconnaîtront la durabilité comme une priorité stratégique qui implique des risques et des opportunités d'affaires importants.

Les entreprises et leur management ne devront pas simplement engager leur entreprise dans la voie de la durabilité, mais préalablement s'être dotés d'une vision et s'être forgé une conviction relative au rôle que leur entreprise doit jouer en termes de durabilité. Sans cette phase préalable, le management risque de retomber dans les mêmes pièges que pour la transformation digitale, en se contentant de « suivre des modes », d'ajouter une couche (hier digitale et à présent *sustainable*) supplémentaire à ce qui existe déjà, à s'aligner sur ce que fait la concurrence...

Par-delà le quoi, la question du comment sera particulièrement difficile pour le management. La nouveauté du sujet permet aux cabinets de conseil en stratégie de proposer des approches qui, si elles convergent sur certains points, divergent sur l'essentiel dès lors que la question du comment est abordée. Le point positif est que l'outillage intellectuel et méthodologique proposé par ces derniers est largement plus au rendez-vous que ce ne fut le cas avec la révolution numérique.[274]

Selon le BCG, le management devra composer avec l'intensification de quatre tendances déjà à l'œuvre : une quête d'hypertransparence réclamée par tous[275], une mobilisation accrue de toutes celles et tous ceux pouvant influencer dans le sens d'une transition durable (médias, ONG, etc.), une évolution des attentes de la société avec une prise de recul vis-à-vis des biens matériels, et une pression d'investisseurs reconvertis en une nouvelle génération d'activistes en faveur du *sustainable*.[276]

25. Le leadership opère une mue profonde

La compréhension du leadership a considérablement progressé. Des corrélations entre les succès, ou les échecs, d'entreprises et leurs leaders ont été établies. Demain, le leadership ne devra plus être concentré entre les mains de quelques-uns mais incarné par un plus grand nombre de « leaders relais » pour accompagner la mutation vers un « leadership étendu », améliorer les conditions dans lesquelles il opère et adapter sa raison d'être à un monde qui a besoin des entreprises pour se transformer lui-même.

Le chiffre : 87 %

C'est la part des leaders dotés d'une plus grande intelligence émotionnelle qui dirigent les sociétés situées dans le tiers supérieur des entreprises les plus performantes.[277]

LES TENDANCES JUSQU'À AUJOURD'HUI

Pour commencer, une précision de vocabulaire importante s'impose : les termes « management » et « leadership » entretiennent une relation d'énantiosémie. Dit simplement, ils appartiennent à une catégorie linguistique assez singulière de mots qui, suivant le contexte, signifient la même chose ou signifient des choses différentes, voire contraires[278].

Des auteurs comme Warren Bennis, John Kotter ou Dov Seidman ont pris soin d'expliquer la différence entre un leader et un manager. Nous retenons ici la distinction proposée par John Maxwell pour sa puissance de synthèse : « The leader does the right things. The manager does the things right. »[279] Les leaders font les bonnes choses. Les managers font les choses bien (en français). En effet, le leadership ne doit certainement pas se confondre avec le titre d'un poste ou un rang dans l'entreprise. Puisque le leadership est fondamentalement une attitude, une manière de voir, de penser et de réagir face aux situations. Un leader indique la direction, développe les coopérations, inspire, motive et produit du changement. Un véritable leader a des *followers* (des suiveurs) qu'il parvient à entraîner dans une direction qui, pourtant, ne correspond pas à leurs intérêts immédiats ou individuels. Si le leader est dans le quoi, le manager est davantage dans le comment. Il organise, planifie, recrute, résout les problèmes, réalise les résultats escomptés.

Le leadership est une discipline académique de premier plan aux États-Unis. Depuis toujours, les Américains ont étudié avec le plus grand soin les leaders afin de tirer des enseignements utilisables par les entreprises. De manière très créative, la discipline n'a pas hésité à s'intéresser à des leaders issues d'univers très différents comme la politique (Theodore Roosevelt, Winston Churchill...), le sport (avec des coachs d'équipes de basket, de *soccer* ou de baseball), la contestation du pouvoir (Martin Luther King, Gandhi...), les affaires (Lee Iacocca, Jack Welch, Steve Jobs...).

La discipline a également fait émerger des vérités pourtant contre-intuitives :

- Le leadership n'est pas que le fait de la personnalité de l'individu mais il peut s'apprendre avec le temps, en capitalisant sur des potentialités parfois inexplorées ou inexploitées, au contact de mentors, avec le concours d'un coach.... On recoupe ici avec l'idée du développement personnel (voir tendance n° 8). Dans son autobiographie, Gandhi raconte le chemin qu'il lui a fallu parcourir pour passer du statut de « petit avocat timide et piètre orateur qu'il était »[280] à celui de l'un des plus grands leaders du 20e siècle, à l'origine de l'indépendance de L'Inde.
- Le contexte peut largement contribuer à créer les conditions de la naissance d'un leader. Le général de Gaulle le concède dans ses *Mémoires de guerre* : c'est le contexte historique exceptionnel de la guerre qui a fait de lui un leader, qu'il n'aurait jamais été autrement.[281]
- Les leaders disposent d'une très bonne connaissance d'eux-mêmes, sont particulièrement connectés à leurs propres émotions, sont souvent très humbles, à l'écoute et au service des autres, loin de l'image trop simple du meneur sûr le lui.

Un relatif consensus a émergé autour des attributs du leadership, des qualités et des attitudes qui en découlent. Il est possible de les classer en cinq domaines :

La vision - un leader a une vision d'amélioration du futur, de la manière dont il faut s'y prendre et des moyens nécessaires à la mise en œuvre.

La communication - un leader n'impose pas mais partage une vision porteuse de sens, à laquelle les gens adhèrent, il enrôle.

La responsabilité - un leader prend l'initiative, décide et surtout assume la responsabilité de l'échec ou partage les lauriers en cas de succès.

La mise en œuvre – un leader n'est pas seulement un homme ou une femme d'idées. Il sait passer à l'action en entraînant les autres à faire de même. Walt Disney disait : « il faut s'arrêter de parler et agir.[282] »

La pérennité – un leader n'est pas un superhéros et veille à ce que l'œuvre qu'il a commencée puisse être poursuivie par d'autres.

Daniel Coleman a contribué à faire évoluer la compréhension et la perception du leadership. Ses travaux ont notamment fait ressortir que les dirigeants les plus performants utilisaient une large palette de style de leadership, selon les moments et les situations. La notion d'intelligence émotionnelle est au cœur de ses travaux. Il la définit comme l'aptitude à se manager soi-même et à manager efficacement ses relations avec les autres. Et ajoute qu'elle comprend quatre aptitudes maîtresses : la connaissance de soi, le management de soi, l'intelligence sociale et l'empathie.

ET DEMAIN ?

Le leadership est annoncé comme devant considérablement s'adapter à un monde qui change. Hubert Joly, dans son livre *The Heart of Business*[283], parle volontiers de leaders plus authentiques, vulnérables et humains, au service d'un capitalisme d'une nouvelle ère.

Le monde est clairement confronté à une crise protéiforme : sanitaire, économique, sociale, environnementale. Faire la même chose qu'hier en espérant un résultat différent demain est un non-sens. Pendant 40 ans, les entreprises et leur management ont suivi un modèle qui reposait sur deux sources d'inspiration : La primauté des actionnaires avec Milton Friedman (voir tendance n° 2) et une logique proche de celle de Bob McNamara[284], consistant à utiliser son cerveau pour trouver la bonne réponse, puis à dire aux gens ce qu'ils doivent faire. Le leadership doit lui-même s'émanciper de ses habitudes et proposer de nouvelles voies plus durables (voir tendance n° 24). Il devra se mettre au service d'une cause et faire montre d'humanité.

La quête du profit et l'image du leader comme superhéros capable de faire la différence, motivé par le pouvoir, la gloire ou l'argent, perdureront. Mais, les incitations financières ne pourront pas continuer à être le seul levier, ni pour les leaders ni pour les équipes. La motivation est désormais comprise comme quelque chose d'extrinsèque à l'individu, qui vient pour beaucoup de ce qui l'entoure[285]. Le leader devra au contraire veiller à ce que le système dans lequel travaillent les collaborateurs ne soit pas source de démotivation (voir tendance n° 22).

Nous parlerons de plus en plus d'un leadership étendu incluant les employés, les clients, les fournisseurs et les partenaires de l'entreprise opérant au sein d'un écosystème.

Le leadership devra également contribuer à faire évoluer notre regard sur notre vision du travail et sur l'entreprise.

- Le travail est souvent considéré négativement, comme quelque chose que l'on fait pour pouvoir faire autre chose de plus plaisant. Si Benjamin Franklin rappelait : «je n'aime pas vraiment le travail, mais j'aime ce qu'il me permet d'apprendre sur moi-même», le temps d'un travail pouvant correspondre à notre vocation, à notre recherche de sens, à nos talents ou tout simplement à nous-mêmes, s'annonce. Du moins l'aspiration collective qui le sous-tend.
- La deuxième chose est la façon dont nous envisageons l'entreprise. La voyons-nous comme une formidable machine à produire de l'argent ? Ou la voyons-nous comme une organisation humaine composée d'individus travaillant ensemble à la poursuite d'un but autre que purement financier ?

Bibliographie

Ouvrages

Athos A., Pascale R., 1981, *The Art Of Japanese Management*, Simon & Schuster.
Aron, R., 1970, *Dix-Huit Leçons Sur La Société Industrielle*, Gallimard.
Autor D., Mindell D., Reynolds E., 2022, *The Work of the Future*, MIT Press.
Barbe M., 2019, *Profession Slasheur*, Marabout.
Barlett C., Ghoshal S., 1998, *Managing accross Borders*, Random House.
Bellego M. 2021, *Le travail est malade, il nous fait souffrir*, De Boeck.
Belvin M., 2010, *Management Teams : Why they succeed or fail*, Taylor & Francis.
Benavent C., Grassin M., Meyronin B., 2019, *Replacer vraiment l'humain au cœur de l'entreprise*, Vuibert.
Bennis W., Nanus B., 2003, *Leaders Strategy for Taking Charge*, Collins.
Black R., Mouton J., 1985, *The Managerial Grid*, Gulf Pub. Co.
Blanchard K, Johnson S., 2015, *The New One Minute Manager*, William Morrow.
Blank S., 2020, *The Startup Owner's Manual*, Wiley
Bock L., 2015, *Work Rules !,* Twelve.
Bonne D., McAfee A., Westerman G., 2014, *Leading Digital*, Harvard Business Review Press.
Bouayad B., de Kerorguen Y., 2004, *La face cachée du management*, Dunod.
Bourdeaux C., Emerick S., 2014, *The most powerful brand on earth*, Prentice Hall.
Bourgeois N., Verrier G., 2020, *Les RH en 2030*, Dunod
Bower M., 1966, *The Will to Manage*, McGraw-Hill.
Bower M., 1979, *Perspective on McKinsey & Company*, McKinsey & Co.
Bridge W., Bridge S., 2009, *Managing Transitions*, Da Capo Lifelong Books.
Brooks F., 1995, *The Mythical Man-Month*, Addison-Wesley Professional.
Brynjolfsson E., McAfee A., 2014, *The second machine age*, W.W. Norton & Company.
Brynjolfsson E., McAfee A.,2017, *Machine, Platform, Crowd*, W. W. Norton & Company
Buckingham M. et Clifton D., 2001, *Now, Discover Your Strengths*, Free Press.
Buła P., Nogalski B., 2021, *The Future of Management*, Columbia Business School Publishing. actinuum
Burlingham B., Stack J., 1994, *The Great Game of Business*, Currency Doubleday.
Carlson N., 2015, *Marissa Mayer and the Fight to Save Yahoo !*, Twelve.
Carton G., Ramanantsoa B., 2021, *Les coulisses du management*, Economica.
Catmull E., Wallace A., 2014, *Creativity, Inc.,* Random House.
Cazottes M-C., 2019, *Management de la Marque Employeur*, Pearson.

Chandler A., 1988, *La main visible des managers*, Economica.
Chang H-J., 2012, *Deux ou trois choses que l'on ne vous dit jamais sur le capitalisme*, Seuil.
Chambers J., 2018, *Connecting The Dots*, Hachette Books
Chamorro-Premuzic T., 2019, *Why Do So Many Incompetent Men Become Leaders?*, Harvard Business Review Press.
Clark D. 2017, *Reinventing You*, Harvard Business Reviw Press.
Clifton J. et Harter J., 2019, *It's the manager*, Gallup Press.
Cohen S., Eimicke W., 2020, *Management Fundamentals*, Columbia Business School Publishing.
Collectif, 2020, *La bible du manager*, Harvard Business Review Press.
Collins J., 2001, *Good To Great*, Random House Business.
Collins J., Hansen M., 2011, *Great by Choice : Uncertainty, Chaos, and Luck*, Harper Business.
Coulter M., Robbins S., 2021, *Management*, Pearson.
Covey S., 2019, *Les 7 habitudes de ceux qui réalisent tout ce qu'ils entreprennent*, J'ai lu.
Cox J., Goldratt E., 2004, *The Goal*, North River Press.
Coyle D., 2018, *The Culture Code*, Bantam.
Crozier M.,1971, *Le phénomène bureautique*, Seuil.
Cyert R., March J., 1992, *A Behavioral Theory of the Firm*, Wiley-Blackwell.
de Gaulle C., 2010, *Mémoires de guerre*, Pocket.
de la Forest Divonne M., 2018, *Réinventer sa vie professionnelle... quand on vient de la commencer*, Eyrolles.
De Bono E., 1999, *Six Thinking Hats*, Back Bay Books.
Dejoux C., Thévenet M., 2015, *Gestion des talents humains*, Dunod.
Deming E., 2000, *Out of the Crisis*, MIT Press.
Dhawan E., 2021, *Digital Body Language : How to Build Trust and Connection, No Matter the Distance*, Saint Martin Press.
Diamantis P., Kotler P., 2015, *Abundance : The Future Is Better Than You Think*, Simon & Schuster.
Dignan A., 2017, *Brave New Work*, Portfolio Penguin.
D'Iribarne P., 1993, *La logique de l'honneur – Gestion des entreprises et traditions nationales*, Seuil.
Dobbs R., Manyika J., Woetzel J., 2015, *No Ordinary Disruption*, Public Affairs
Doerr J., 2017, *Measure What Matters*, Portfolio.
Drucker P, 1993, *Management : Tasks, Responsabilities and Practices*, Harper Business.
Drucker P., 2001, *Management Challenges for the 21st Century*, Harper Business.
Drucker P., 2006, *The Effective Executive*, Harper Business.
Drucker P., 2004, *Managing Oneself*, Harvard Business Review Press.
Drucker, P., 2016, *The Practice of Management*, Harper Business.
Duncan J., 1990, *Les grandes idées du management. Des classiques aux modernes*, Afnor.
Dupuy F., 2012, *Lost in management*, Seuil.
Dupuy F., 2020, *On ne change pas les entreprises par décret*, Seuil.
Deslandes G., 2016, *Critique de la condition managériale*, PUF.
Edmondson A., 2018, *The Fearless Organization*, Wiley.
Eurish T., 2017, *Insight*, Currency.
Evans P., Wurster T., 2000, *Blown To Bits : How the New Economics of Information Transforms Strategy*, Harvard Business School Press.
Fayol H., 1999, *Administration industrielle et générale*, Dunod.
Ferriss T., 2010, *La semaine de 4 heures*, Pearson.
Fischer-Wright H., Dave Logan D., John King J., 2011, *Tribal Leadership*, Harper Business.

Bibliographie

Ford H., 2000, *My Life and Work*, Ayer Company Publishers.
Friedman M., 1963, *Capitalisme et liberté*, Flammarion, 2016.
Friedman R., 2014, *The Best Place To Work*, TarcherPerigee
Funès de J., Bouzou N., 2020, *La comédie (in)humaine, Comment les entreprises font fuir les meilleurs*, J'ai lu.
Galbraith J. K., 1967, *Le Nouvel État industriel*, Gallimard.
Gaulejac V., 2014, *La société malade de la gestion*, Points.
Geneen H, Moscow A., 1984, *Managing*, Doubleday.
Gino F., 2018, *Rebel Talent : Why It Pays to Break the Rules at Work and in Life*, Dey Street Books.
Goleman D., 2003, *L'intelligence émotionnelle*, J'ai lu.
Girodon L., 2019, *Dream Team*, Auto édition.
Grant A., 2017, *Originals : How Non-Conformists Move the World*, Penguin Book.
Guillebaud D., 2016, *Disputions Denial*, LID Publishing.
Hamel G. et Zanini M., 2020, *Humanocracy*, Harvard Business Review Press.
Harcourt B. E., 2017, *Gouverner, échanger, sécuriser – Les big data et la production du savoir numérique*, Collège de France.
Hamel G., Prahalad C. K., 1996, *Competing for the future*, Harvard Business Schooll Press.
Hammer M., Champy J., 2006, *Reengineering the Corporation : A Manifesto for Business Revolution*, Harper Business.
Hansen M., 2019, *Great at Work : The Hidden Habits of Top Performers*, Simon & Shuster.
Harwood M., 1970, *Les grands classiques du management*, Bibliothèque du management.
Harter J., 2016, *First, break all the rules*, Gallup Press.
Harter J., 2006, *12 : The Elements of Great Managing*, Gallup Press.
Hastings R., Meyer E., 2020, *No Rules Rules*, Penguin Press.
Head S., 2014, *Mindless : Why Smarter Machines are Making Dumber Humans*, Basi Books.
Heskett J., 2022, *Win from Within*, Columbia Business School Publishing.
Hinssen P., 2017, *The Day After Tomorrow*, Lannoo Campus.
Hill Linda A., 2017, *Becoming a Manager : How New Managers Master the Challenges of Leadership*, Harvard Business Review Press.
Hirigoyen M-F. 2017, *Le harcèlement moral au travail*, Que sais-je ?
Horowitz B.,2014, *The Hard Thing About Hard Things*, Harper Business.
Hsieh T., 2013, *Delivering Happiness*, Grand Central Publishing.
Hu Y., Hao Y., 2017, *Haier Purpose : The Real Story of China's First Global Super Company*, Infinite Ideas.
Hull R., Peter L., 2018, *Le principe de Peter*, J'ai lu.
Indset A., 2022, *Philosophy@Work : Reflections from the world's leading business thinkers*, Unbond.
Ismail S., Malone M., Van Geest Y., 2014, *Exponential organizations*, Diversion Books.
Johnson B., 2017, *Polarity Management*, H R D Press.
Joly H., 2021, *The Heart of Business*, Harvard Business Review Press.
Jones G., George J., 2021, *Contemporary Management*, McGraw-Hill.
Jouvenot B., 2004, *Le Journal de BJ au bureau : Le management facile*, Maxima.
Jouvenot B., 2005, *Managing Softly*, BookSurge.
Katzenbach J., Smith D., 2015, *The Wisdom of Teams : Creating the High-Performance Organization*, Harvard Business Reviw Press.
Laloux F. et Wilder K., 2014, *Reinventing Organizations*, Nelson Parker.
Lang L., Hemerling J. et Bhattacharya J., 2020, *Beyond Great*, Public Affairs.

Laubie R., 2019, *Les intelligences multiples en entreprise*, Dunod.
Lencioni J-b., 2012, *The Five Dysfunctions of a Team*, Jossey-Bass.
Linhart D., 2015, *La comédie humaine du travail*, Erès.
Loisel A., Vivier E., 2020, *Le guide du futur des RH et du management*, Eyrolles
MacGillis A, 2021, *Le Système Amazon. Une histoire de notre futur*, Seuil.
McChrystal S., 2020, *Une stratégie d'équipes – S'adapter et s'organiser en plein chaos*, Alma - Nuvis.
McGovern G., 2001, *The Caring Economy*, Silver Lake Publishing.
Malone S., 2003, *Organising Business Knowledge*, MIT Press.
March J., Simon H., 1999, *Les Organisations*, Dunod.
Martin R., 2020, *When More Is Not Better*, Harvard Business Review Press.
Marx K., 2008, *Le Capital*, Folio.
Maslow A.H., 2008, *Maslow on Management*, Wiley.
Maurya A., 2012, *Running Lean : Iterate from Plan A to a Plan That Works*, O'Reilly.
Maxwell J., 2007, *21 Irrefutable Laws of Leadership*, HarperCollins.
Mayo E., 2014, *The Social Problems of an Industrial Civilisation*, Routlege.
McGregor D., 2005, *The Human Side of Entreprise*, Mc Graw-Hill.
McLuhan M., 1968, *Pour comprendre les médias*, Seuil.
McNamme R., 2020, *Zucked : Waking Up to the Facebook Catastrophe*, Penguin Books.
Melville H., 2019, *Bartleby*, Le Livre de Poche.
Mignot O., 2019, *La Transformation Digitale des entreprises*, Maxima.
Mintzberg H., 1989, *Le management : voyage au centre des organisations*, Éditions d'Organisation.
Mintzberg H., 1973, *Le manager au quotidien*, Éditions d'Organisation.
Mintzberg H., 2014, *Manager – L'Essentiel. Ce que font vraiment les managers... et ce qu'ils pourraient faire mieux*, Vuibert.
Morita A., 1986, *Made in Japan*, Dutton.
Mousli M., 2002, Mary Follett, *Pionnière du Management. Diriger au-delà du conflit*, Village Mondial.
Neuhauser P., Bender R., Stromberg K., 2000, *Culture.com : Building Corporate Culture in the Connected Workplace*, John Wiley & Sons.
Ohno T., 1988, *Toyota Production System : Beyond Large-Scale Production*, Productivity Press.
Ohno T., 2013, *Taiichi Ohnos Workplace Management*, McGraw-Hill Professional.
O'Reilly III C. et Tushman M., 2016, *Lead and Disrupt*, Stanford University Press.
O'Reilly T., 2017, *WTF? : What's the Future and Why It's Up to Us*, Harvard Business.
Osterwalder A., Pigneur Y., Etiemble F. et Smith A., 2020, *The Invincible Company*, Wiley.
Ouchi W., 1981, *Theory Z*, Addison-Wesley.
Papin R., 2006, *L'art de diriger* - Tome 1, Dunod
Pascal T., 1991, *Managing on the Edge*, Touchstone.
Paul Daugherty P. Jim Wilson J., *Human + Machine : Reimagining Work in the Age of AI*, Harvard Business Review Press.
Pfeffer J., Sutton R., 2000, *The Knowing-Doing Gap*, Harvard Business School Press.
Plane J-M., 2019, *Management des organisations – Théories, concepts, performances*, Dunod.
Ramanantsoa B., 2010, *L'Art du management*, Pearson.
Revans R., 1970, *Action Learning*, Blond & Briggs.
Robbins T., 2021, *Unlimited Power*, Simon & Schuster.
Robertson B., 2015, *Holacracy*, Henry Holt.
Rosling H., 2019, *Facfulness*, Flammarion.
Russel B., 2002, *Éloge de l'oisiveté*, Éditions Allia.

Bibliographie

Samama C., 2018, *L'expérience Collaborateur : Faites de vos employés les premiers fans de votre entreprise*, Diateino.
Sandberg S., 2013, *Lean In : Women, Work, and the Will to Lead*, Knopf.
Schmidt E. et Rosenberg J., 2015, *How Google Works*, John Murray.
Schwartz B., 2015, *Why We Work*, Simon & Schuster.
Schwartz E., 1999, *Digital Darwinism*, Broadway.
Scott K., 2019, *Radical Candor*, Saint Martin Press.
Sellers, C., 1991, *The market revolution*, Oxford University Press.
Serres M., 2012, *Petite poussette*, Éditions le Pommier.
Simon H., 1947, *Administrative Behavior*, Macmillan.
Slater R., 1998, *Jack Welch and the GE Way*, McGraw-Hill Professional.
Sloan A., 1963, *My Years with General Motors*, Currency.
Southwick K., 1999, *High Noon : The Inside Story of Scott McNealy and the Rise of Sun Microsystems*, Wiley.
Smith A., 2014, *Théorie des sentiments moraux*, PUF.
Taylor F. W., 2003, *The Principles of Scientific Management*, Dover Publications Inc.
Tett G., 2015, *The Silo Effect*, Simon & Schuster.
Thietart R-A., 2017, *Le Management*, Que sais-je, PUF.
Ulrich D. et Yeung A., 2019, *Reinventing the Organization*, Harvard Business Review Press.
Valentin M., 2018, *Le modèle Tesla Du toyotisme au teslisme : la disruption d'Elon Musk*, Dunod.
Waldrop M., 1992, *Complexity*, Simon & Schuster.
Ward N., 1924, *The Industrial Worker, 1840-1860*, Houghton Mifflin.
Weber M., 2012, *Sur le travail industriel*, Éditions de l'Université de Bruxelles
Whillans A V., 2020, *Time Smart*, Harvard Business Review Press
Williamson O., 1994, *Les institutions de l'économie*, InterÉditions.
Wiseman L., 2017, *Multipliers*, Harvard Business Review Press.
Zeng M., 2020, *Smart Business : What Alibaba's Success Reveals about the Future of Strategy*, Harvard Business Review Press.
Zhuo J., 2019, *The Making of a Manager*, Portfolio.

Études et rapports

Altman E., Avril 2021, Workforce Ecosystems, MIT Sloan Management Review.
Autor D., 2009, Studies of Labor Market Intermediation, University of Chicago Press.
Baier J., Caye J-M., Strack R., Kolo P., Kumar A., Ruan F., Morton B., Ariganello A., Jauregui J., van Wees L., Burner T., Wongs W., 2021, Creating People Advantage 2021 – The Future of People Management Priorities, BCG.
Beauchene V., Cunningham M., Mai 2020, The End of Management as We Know It, BCG.
Burns T., Huang J., Krivkovich A., Yee L., Women in the Workplace 2021, McKinsey & Company.
Daimler M., 2021, 2022 Workplace Learning Trends Report, ûdemybusiness.
Deloitte, Mars 2021, Tendances RH 2021.
Dixon-Fyle S., Dolan K., Hunt V., Prince S., 2020, Diversity wins : How inclusion matters, McKinsey & Company.
Gallup, 2021, State of the Workplace 2021, Gallup Press.
IFOP, 2018, Les salariés et la transformation managériale.

IFOP, 2020, Bonheur, sens du travail et raison d'être : Le regard des salariés français sur l'entreprise, IFOP en collaboration avec Philonomist.
McKinsey, 11 juin 2021, Culture in the hybrid workplace.
McKinsey, 2021, The future of the workplace : Embracing change and fostering connectivity, McKinsey & Company.
Ministère du Travail, de l'Emploie et de l'Insertion, 2021, Section Santé au travail, Les risque psychosociaux (fiche pratique).
MIT, 2021, Workforce Ecosystems, MIT Sloan Management Review.
Ransbotham S., Novembre 2021, The Cultural Benefits of Artificial Intelligence in the Enterprise, MIT Sloan Management Review.
Scur D., Sadun R., Van Reenen J., LemosR., Bloom N., 2021, The World Management Survey at 18 : lessons and the way forward, Oxford University Press.
Sifted, 2021, The future of work, Sifted / Financial Times.
Sifted, 2021, Building tech teams, Sifted / Financial Times.
Sull D., Sull C., Octobre 2020, Culture 500 : Introducing the 2020 Culture Champions, MIT Sloan Management Review.
Tassabehji R., 2021, Real-Time Performance Management : From People Management to People Development, YPO.
Word Economic Forum, Octobre 2020, The Future of Jobs Report.
Xerfi Precepta, 2021, L'hypercroissance de l'intérim digital à l'horizon 2023, Xerfi.
Younger J., 2021, The Global Survey on Freelancing, Department of Psychology, University of Toronto.

Articles

Andersen E., 2016, "Learning to Learn," *Harvard Business Review*.
Andreessen M., 2011, "Why software is eating the world", *The Wall Street Journal*.
Baumeister R., 2001, "Bad Is Stronger Than Good", *Review of General Psychology*.
Barber F., Kotzen J. Olsen R. et Strack R., 2002, "Worksnomics", The Boston Consulting Group.
Barsade S. et O'Neill O., 2016, "Manage Your Emotional Culture," Harvard Business Review.
Bataille D., Sargent L., Mary D. et Vough H., 2016, "Next-Gen Retirement," Harvard Business Review.
Becdelièvre de P. et François Grima F., 2020, «La Covid-19, un choc de carrière restructurant le sens du travail», Revue Française de Gestion, Volume 46, Numéro 293.
Birkinshaw J., Gudka M., D'Amato V., 12 août 2021, «The Blinkered Boss : How Has Managerial Behavior Changed with the Shift to Virtual Working?», California Management Review, Haas School of Business, University of California, Berkeley.
Bocquet R., Dubouloz S. et Mattelin-Pierrard C., 2020, «L'entreprise libérée, un vrai concept ou une simple étiquette? – Une revue systématique de la littérature», Revue Française de Gestion, Volume 46, Numéro 291.)
Bonelli L., Pelletier W., Décembre 2009, «De l'Etat-providence à l'Etat manager», *Le Monde Diplomatique*.
Bouillon E. et Paraschiv C., 2020, «Le coaching, un vecteur de changement au sein des organisations?», Revue Française de Gestion, Volume 46, Numéro 291.
Christensen C., Raynor M. et McDonald R., Décembre 2015, «What is disruptive innovation?», *Harvard Business Review*.
Christensen C., 2020, "How Will You Measure Your Life?", *Harvard Business Review*.

Bibliographie

Carboni I., Cross R., Edmondson A.,10 novembre 2021, «No Team Is an Island : How Leaders Shape Networked Ecosystems For Team Success», California Management Review, Haas School of Business, University of California, Berkeley.

Duchemin M-H. et Lemarié-Quillerier S., 2020, «Itinéraire d'un souvenir – Importance de la mémoire dans l'accompagnement entrepreneurial de la créatrice», Revue Française de Gestion, Volume 46, Numéro 286.

Duck J D., 1991, «Let Middle Managers Manage», The Boston Consulting Group.

Evans P. et Wolf B., 2005, «Collaboration Rules», The Boston Consulting Group.

Fabbe-Costes N., 2020, «Valeur, performance, mesure et outils de gestion – Évolution et perspective en logistique et SCM», Revue Française de Gestion, Volume 45, Numéro 285

Felps W., Janvier 2006, "How When, and Why, Bad Apples Spoil the Barrel : Negative Group Member and Dysfunctional Groups", *Research in Organizational Behavior.*

Friedman M., 13 septembre 1970, «The Social Responsibility Of Business Is to Increase Its Profits», *New York Times.*

Gabbaro, J., 2005, "Managing Your Boss," Harvard Business Review.

Ginglinger E., 2020, «Faut-il verser des dividendes en temps de crise?», Revue Française de Gestion, Volume 46, Numéro 293.

Goffe R. et Jones G., 2015, "Creating the Best Workplace on Earth," Harvard Business Review.

Goleman D., 2000, "Leadership That Gets Results", *Harvard Business Review.*

Gray J. et Lawyer P., 1995, "The Promise of Disease Management", The Boston Consulting Group.

Greenfield R., 20 décembre, 2021, "What Is Company Culture If You Don't Have an Office?", Bloomberg Businessweek.

Groysberg B., Lee J., Price J, et Cheng Y-J., Janvier Février 2018, "The leader's guide to corporate culture", *Harvard Business Review.*

Hill L. et Lineback K., 2011, "Are You a Good Boss--or a Great One?," Harvard Business Review.

Holmström B., Tirole J., 1989, "The Theory of the Firm", Handbook of Industrial Organization.

Hugues J., 6 décembre 2021, "Lost in the Matrix : How to Overcome the Daily Grind of Organizational Complexity", California Management Review, Haas School of Business, University of California, Berkeley.

Ibarra H., 2015, "The Authenticity Paradox,", Harvard Business Review. Gibert C. et Ben Mahmoud-Jouini S., 2020, «Créez le prochain Uber et soyez rentables d'ici la fin de l'année – Les managers de labs d'innovation face aux contradictions entre mandat et gouvernance», Revue Française de Gestion, Volume 46, Numéro 286.

Igalens J. et Pourquier C., 2020, Leadership responsable, un double alignement entre valeurs et engagement RSE, Revue Française de Gestion, Volume 46, Numéro 289.

Katzenbach J., Steffen I. et Kronley C., 2012, "Cultural Change That Sticks," Harvard Business Review.

Khalil Aït S., 2020, «La satisfaction de carrière et le succès de carrière perçu. L'effet modérateur des ancres de carrière», Revue Française de Gestion, Volume 46, Numéro 292.

Malchione R., 1991, «Making Performence Measurements Perform», The Boston Consulting Group.

Malone T, Yates J., Benjamin R., 1987, «Electronic markets and Electronic Hierarchies», Comminications of the ACM.

Martineau R., 2020, «De la théorie à la pratique – Comment les idées managériales sont-elles inscrites dans les outils de gestion», Revue Française de Gestion, Volume 46, Numéro 287.

Meyer E., Décembre 2015, «Getting to si, ja, oui, hai, and da», *Harvard Business Review.*
Mims C., 2015, «Data is the New Middle Manager», Wall Street Journal.
Mousli M., 2010, «Mary Parker Follett, prophète du management», Alternatives Économiques.
Mortensen M. et Gardner K., 2017, "The Overcommitted Organization," Harvard Business Review.
Neeley T., 2015, "Global Teams That Work," Harvard Business Review.
O'Reilly T., 2005, "What is Web 2.0", *Oreillynet.com.*
Onchen W. et Wass D., 1999, "Management Time : Who's Got the Monkey?" Harvard Business Review.
Park J., 8 décembre 2015, "In the Future, Bosses Might Not Exist", California Management Review, Haas School of Business, University of California, Berkeley.
Périnel Q., 18 septembre 2019, «Les managers français sont les plus désabusés du monde», Le Figaro.
Pezé S., 2020, «Saisir les épreuves du travail contemporain, Revue Française de Gestion, Volume 46, Numéro 292.
Porter M., 2001, "Strategy and the Internet", *Harvard Business Review.*
Quinn R. et Thakor A., 2018, "Creating a Purpose-Driven Organization," Harvard Business Review.
Reichheld F., 2003, "The One Number You Need to Grow", *Harvard Business Review.*
Reid E. et Ramarajan L., 2016, "Managing the High-Intensity Workplace," Harvard Business Review.
Rolf F., Roth B. Wilde D., 1993, "Integrating Creativity into the Mechanical Engineering Curriculum", Resource Guide to Innovation in Engineering Design, *American Society of Mechanical Engineers.*
Schneider B., Septembre 1987, "The People Make The Place ", *Personnel Psychology.*
Sonnenfeld, J., 2002, "What Makes Great Boards Great," Harvard Business Review.
Testard-Vaillant P., 5 juin 2008, «Le harcèlement au travail est un phénomène mondial», Le Journal du CNRS.
Testard-Vaillant P. 16 décembre 2021, «Les paradoxes du coaching en entreprise», Le Journal du CNRS.
Van Alstyne M., Parker G., et Choudary S.P., Avril 2016, «Pipelines, platforms, and the new rules of strategy», *Harvard Business Review.*
Waber B., Magnolfi J. et Lindsay G., Octobre 2014, «Workspaces that move people.», *Harvard Business Review.*
Watkins M., 2016, "Leading the Team You Inherit,", Harvard Business Review.
Watkins M., 2020, "How Managers Become Leaders," Harvard Business Review
Weil T., 2000, «Invitation à la lecture de James March, Réflexions sur les processus de décision, d'apprentissage et de changement dans les organisations», Presses des Mines.
Wigfield A., Janvier 2000, "Expectancy-Value Theory of achievement Motivation", *Contemporary Educational Psychology.*

Conférences

Laumond J-P., 2013, Robotics : Hephaestus does it again, Collège de France.
Menger P-M., 2017, Big data et traçabilité numérique, Collège de France.
Supiot A., 2019, Le travail n'est pas une marchandise, Collège de France.

Notes de fin

1. Le statut du management et sa raison d'être en tant que science sont abordés dans l'émission Continents Sciences de Stéphane Deligeorges avec Vincent de Gaulejac, 8 avril 2013, *Le management dans les sciences*, France Culture.
2. L'INSEAD et les universités du MIT, de Stanford ou de Harvard sont particulièrement dynamiques dans le domaine.
3. Le Drucker Institute par exemple a étudié ce que le management des associations et celui des entreprises peuvent mutuellement s'apporter. Voir notamment Drucker P., 1990, *Managing the Non-profit Organization*, Butterworth-Heinemann.
4. En France, l'adoption par l'État de méthodes managériales suscite plutôt la crainte. Voir par exemple : Bonelli L., Pelletier W., décembre 2009, « De l'État-providence à l'État manager », Le Monde Diplomatique. Ailleurs, elle fascine les observateurs lorsqu'ils se penchent notamment sur les raisons du succès de certaines économies asiatiques comme Singapour. Voir entre autres : Hussain Z., 24 mars 2015, « How Lee Kuan Yew Engineered Singapore's Economic Miracles », *BBC News*.
5. Cet aspect de la pensée de Jean-Baptiste Say est relevé par Peter Drucker dans Drucker P., 2004, *The Daily Drucker*, Harper Business.
6. Smith A, 1999, *La richesse des nations*, Flammarion.
7. Marx K., 2008, *Le Capital*, Folio.
8. Schumpeter J., 1990, *Capitalisme, socialisme et démocratie*, Payot.
9. Galbraith J. K., 1967, *Le Nouvel État industriel*, Gallimard.
10. Friedman M., 2016, *Capitalisme et liberté*, Flammarion.
11. Voir par exemple Simon H., 1947, *Administrative Behavior*, Macmillan.
12. Voir par exemple Coase R., 1937, *The nature of the firm*, Economica.
13. Herbert Simon, Ronald Coase, Oliver Williamson ont respectivement été prix Nobel d'économie en 1978, 1991 et 2009.
14. Tirole J., 2015, *Théorie de l'organisation industrielle*, Economica ou encore Tirole J., 2016, *Économie du bien commun*, Presses universitaires de France.
15. Weber M., 2012, *Sur le travail industriel*, Éditions de l'Université de Bruxelles.
16. Aron R., 1976, *Les étapes de la pensée sociologique*, Gallimard.

17. Voir par exemple Mayo E., 1945, *The Social Problems of an Industrial Civilisation*, Harvard Business Review.
18. Crozier M., 1971, *Le phénomène bureautique*, Seuil.
19. D'Iribarne P., 1993, *La logique de l'honneur – Gestion des entreprises et traditions nationales*, Seuil.
20. On peut citer notamment le disciple de Ronald Coase : Oliver Williamson (Prix Nobel d'économie en 1991), Oliver Hart ou encore Bengt Holmström.
21. Parmi les pionniers du management on peut mentionner Henri Fayol, Oswald Knauth, Joel Dean, R. E. Gilmor, James D. Mouney, Alan C. Reiley, Ordway Trad, James Worthy, Ernest Dale, E. W. Bakke, Douglas McGregor, Elton Mayo, Charles Walker, Chester Barnard, Howard Bowen, Mary Parker Follet.
22. Voir par exemple Chandler A., 1988, *La main visible des managers*, Economica.
23. Voir pour commencer Drucker P., 2016, *The Practice of Management*, Harper Business.
24. Voir plus particulièrement Mintzberg H., *Le manager au quotidien*, Éditions d'Organisation, 1973.
25. Voir entre autres W. Edwards Deming E., 1982, *Quality, Productivity, and Competitive Position*, MIT Press.
26. Voir notamment Moss Kanter R., 2008, *Men and Women of the Corporation*, PublicAffairs.
27. Lencioni J-B., 2012, *The Five Dysfunctions of a Team*, Jossey-Bass.
28. Buckingham M. et Clifton D., 2001, *Now, Discover Your Strengths*, Free Press.
29. Edmondson A., 2018, *The Fearless Organization*, Wiley.
30. Thinkers 50 classe chaque année les « management thinkers » les plus influents.
31. Voir par exemple Plane J-M., 2019, *Management des organisations – Théories, concepts, performances*, Cinquième édition, Dunod.
32. Voir par exemple Dupuy F., 2012, *Lost in management*, Seuil ou encore Deslandes G., 2016, *Critique de la condition managériale*, PUF.
33. L'historien Johann Chapoutot, entre autres, a exploré les techniques de management du régime nazi : le management, du nazisme à la mondialisation, ou l'art de produire le consentement et l'illusion d'autonomie chez des sujets aliénés. S'il ne dresse pas un réquisitoire contre le management et s'il ne dit pas non plus qu'il s'agit d'une invention du IIIe Reich, il souligne une continuité entre les techniques d'organisation du régime nazi et celles que l'on retrouve aujourd'hui au sein de l'entreprise. Chapoutot, J., 2020, *Libres d'obéir : le management, du nazisme à la RFA*, Gallimard.
34. Voir notamment Dailly E.J., Anselem B., 2019, *Les talents cachés de votre cerveau au travail : Les neurosciences pour cultiver votre intelligence émotionnelle, prendre les bonnes décisions et gérer votre énergie*, Eyrolles.
35. Le site Philonomist.fr, créé par Philosophie Magazine couvre largement la thématique du management sous un angle philosophique et propose des articles très pertinents.
36. Si la page de présentation des thèmes des conférences du site de TEDx ne mentionne pas le thème « management » en tant que tel, de très nombreux « talks » ont eu un grand retentissement en abordant des sujets connexes au management tels que la confiance, la motivation, le leadership, l'esprit d'équipe, la sécurité psychologique au travail, l'influence sur les autres...

37. Sloan A., 1963, *My Years with General Motors*, Currency. A noter qu'Alfred Sloan a longtemps été conseillé par Peter Drucker qui dans son autobiographie *The Memory of a Bystander* en parle comme d'un homme « doté d'un cerveau de prix Nobel »
38. Gerstner L., 2003, *Who Says Elephants Can't Dance*, Haper Business.
39. Welch J., Welch S., 2009, *Winning : The Ultimate Business How-To Book*, Harper Business.
40. Dalle F., 2001, *L'Aventure l'Oréal*, Odile Jacob.
41. Bossidy L., Charam R., 2011, *Execution : The Discipline of Getting Things Done*, Random House.
42. Southwick K., 1999, *High Noon : The Inside Story of Scott McNealy and the Rise of Sun Microsystems*, Wiley.
43. Chambers J., 2018, *Connecting The Dots*, Hachette Books
44. Schmidt E., Rosenberg J., 2017, *How Google Works*, Grand Central Publishing.
45. Nadella S., Shaw G., Tracy Nichols J., 2019, *Hit Refresh : The Quest to Rediscover Microsoft's Soul and Imagine a Better Future for Everyone*, Harper Business.
46. Carlson N., 2015, *Marissa Mayer and the Fight to Save Yahoo !*, Twelve.
47. Sandberg S., 2013, *Lean In : Women, Work, and the Will to Lead*, Knopf.
48. Ford H., 2000, *My Life and Work*, Ayer Company Publishers.
49. Walton S., 1993, *Sam Walton : Made In America*, Batam.
50. Morita A., 1986, *Made in Japan*, Dutton.
51. Buffet W., Cunningham L., 2019, *The Essays of Warren Buffett : Lessons for Corporate America*, cinquième édition, Carolina Academic Press.
52. Grove A. 1995, *High Output Management*, Vintage.
53. Gorman L., 2006, *L.L. Bean : The Making of an American Icon*, Harvard Buisness Review Press.
54. Dell M., 1999, *Direct From Dell*, Harper Business. Dans ce livre, le créateur de la société Dell insiste beaucoup sur la dimension managériale pour expliquer le succès de sa firme.
55. Branson R., 2006, *Screw It, Let's Do It : Lessons in Life*, Virgin Press.
56. Knight P., 2018, *Shoe Dog : A Memoir by the Creator of Nike*, Scribner.
57. Hayek N., Bartu F., 2006., *Au-delà de la saga Swatch*, Albin Michel.
58. Stone B., 2013, *The Everything Store : Jeff Bezos and the Age of Amazon*, Little brown and Company.
59. Chouinard Y., 2016, *Let My People Go Surfing : The Education of a Reluctant Businessman*, Penguin Books.
60. Catmull E., Wallace A., 2014, *Creativity, Inc.*, Random House.
61. Hastings R., Meyer E., 2020, *No Rules Rules*, Penguin Press.
62. Hsieh T., 2013, *Delivering Happiness*, Grand Central Publishing.
63. Lee S., Song B., 2016, *Never Give Up : Jack Ma In His Own Words (In Their Own Words)*, Agate B
64. Hongwen L., 2016, *Ren Zhengfei and Huawei : A Business and Life Biography*, Lid Publishing.
65. Fayol H., 1999, *Administration industrielle et générale*, Dunod.
66. Ohno T., 2013, *Taiichi Ohnos Workplace Management*, McGraw-Hill Professional.
67. Peters T., 2006, *In Search of Excellence : Lessons from America's Best-Run Companies*, Harper Business.

68. Blanchard K, Johnson S., 2015, *The New One Minute Manager*, William Morrow.
69. Handy C., 1998, *The Age of Unreason*, Harvard Business School Press.
70. En 1981, Pascale T. Richard a notamment introduit avec Antony Athos, la méthode des 7S, dans le livre *The Art of Japanese Management*, paru chez Simon & Shuster. Cette méthode, devenue un classique dans le conseil en stratégie et en organisation, permet d'analyser une entreprise en approfondissant les sept dimensions auxquelles le management doit prêter attention : Strategy, Stucture, Skills (compétences), Staff (le personnel), Shared Values (valeurs partagées), System et Style.
71. Hamel G. et Zanini M., 2020, *Humanocracy*, Harvard Business Review Press. Nous mentionnons cet ouvrage de Gary Hamel parce que son contenu fait écho à ce livre. Cependant, le plus influent de ses livres reste : *Leading the revolution*.
72. Harter J., 2016, *First, break all the rules*, Gallup Press.
73. Sinek S., 2011, *Start with why*, Portfolio.
74. Eric Ries a contribué à populariser les méthodes du lean management transposées et adaptées par les entreprises numériques. Voir Ries E., 2011, *Lean Start-up*, Currency.
75. Laloux F., Wilder K., 2014, *Reinventing organizations*, Nelson Parker.
76. Robertson B., 2015, *Holacracy*, Henry Holt.
77. McChrystal S., 2020, *Une stratégie d'équipes – S'adapter et s'organiser en plein chaos*, Alma – Nuvis.
78. Le livre *Arise, Awake* de Rashmi Bansal montre par exemple comment une nouvelle génération d'entrepreneurs indiens, peu diplômés, lancent des entreprises en poursuivant leurs rêves. Bansal R., 2015, *Arise, Awake*, Westand.
79. Une voie cependant que des auteurs comme Chen Jin, Haiyan Wang, Ming Zeng, Ram Nidumolu, Anil Gupta, Rasmi Bansal ouvrent avec énergie et talent.
80. Drucker P.,2001, *The Essential Drucker*, Harpers.
81. Dans Head S., 2014, *Mindless : Why Smarter Machines are Making Dumber Humans*, Basic Books, l'auteur montre comment Amazon exploite ses collaborateurs et refait avec davantage de moyens technologiques ce qui valut de nombreuses critiques à Walmart autrefois.
82. McNamme R., 2020, *Zucked : Waking Up to the Facebook Catastrophe*, Penguin Books, ou encore Frenkel S., Kang, C., 2021, *An Ugly Truth : Inside Facebook's Battle for Domination*, Harper.
83. L'ouvrage collectif *Les nouveaux travailleurs des applis* (PUF, 2019), sous la direction de Dominique Méda et Sarah Abdelnour, décortique particulièrement bien le capitalisme de plateformes pour en montrer la face sombre.
84. Jurgen Appelo ou Brian Solis par exemple, se situent dans cette catégorie.
85. Zeng M., 2020, *Smart Business : What Alibaba's Success Reveals about the Future of Strategy*, Harvard Business Review.
86. *op.cit.* 44.
87. Taylor F. W., 2003, *The Principles of Scientific Management*, Dover Publications Inc.
88. Aron, R., 1970, *Dix-Huit Leçons Sur La Société Industrielle*, Gallimard.
89. Tett G., 2015, *The Silo Effect*, Simon & Schuster.

90. *op. cit.* 18.
91. GAFA est un acronyme permettant de désigner les quatre géants de l'Internet : Google, Apple, Facebook, Amazon. On parle parfois des GAFAM, en ajoutant un M pour Microsoft.
92. BATX est un acronyme permettant de designer les quatre géants de l'Internet chinois : Baidu, Alibaba, Tencent, Xiaomi.
93. La nécessité de cette inversion a été mise en évidence dans les années 1960 par Alfred Chandler
94. IFOP, 2018, Les salariés et la transformation managériale.
95. Chang H-J., 2012, *Deux ou trois choses que l'on ne vous dit jamais sur le capitalisme*, Seuil.
96. Adam Smith est devenu célèbre comme philosophe avec sa *Théorie des sentiments moraux*, avant que la publication de la *Richesse des nations* ne le consacre comme économiste. C'est dans ce premier livre majeur qu'il alerte déjà ses contemporains sur les dangers potentiels du capitalisme. Smith A., 2014, *Théorie des sentiments moraux*, PUF.
97. À titre d'exemples, le géant américain de la distribution Walmart, la China National Petroleum Corporation (le géant pétrolier asiatique), l'Indian Railways (l'équivalent de la SNCF en Inde) comptent respectivement 2,3 millions d'employés pour la première, 1,5 million de personnes pour la seconde et 1,4 million pour la troisième.
98. Une idée qu'il avait déjà développé dans son livre *Capitalisme et liberté*, publié en 1963.
99. Belot L., 2 mars 2020, «Jack Welch, ancien PDG de General Electric, est mort», Le Monde.
100. Slater R., 1998, *Jack Welch and the GE Way*, McGraw-Hill Professional. Cet ouvrage décortique particulièrement bien les composantes de la stratégie mise en œuvre chez General Electric. Nombre d'entre-elles touchent au management, au leadership et à la culture d'entreprise.
101. *op. cit.* 39
102. Hubert-Rodier J., 16 mars 2009, «Jack Welch, Alan Greenspan et la chute des idoles», Les Echos.
103. L'économiste américain William Lazonick a fait le calcul : si General Motors n'avait pas dépensé les 20,4 milliards de dollars qu'elle avait consacrés au rachat de ses propres actions de 1986 à 2002 et les avait déposés à la banque (avec un rendement après impôts de 2,5 % par an), elle n'aurait eu aucun problème à trouver les 35 milliards de dollars qui lui ont manqué pour éviter la faillite en 2009.
104. Tirole J., 2016, *Économie du bien commun*, PUF.
105. Hu Y., Hao Y., 2017, *Haier Purpose : The Real Story of China's First Global Super Company*, Infinite Ideas.
106. Lee K-F., 2019, *La plus grande mutation de l'histoire*, Les Arènes.
107. *Future of work* est une expression en anglais pour désigner le «travail de demain».
108. Word Economic Forum, octobre 2020, *The Future of Jobs Report*.
109. Par définition, il s'oppose à l'absentéisme et caractérise le phénomène selon lequel le salarié est présent à son poste alors que son état de santé physique ou mental ne lui permet pas d'être productif.

110. Gloria Mark de l'université de Californie a estimé qu'un employé américain est interrompu dans son travail toutes les trois minutes en moyenne. Mark G., 2018, « The Cost of Interrupted Work ».
111. Les open plans sont assimilables aux open spaces.
112. Bureaux équipés de tapis roulants pour travailler tout en faisant de l'exercice.
113. Deskmag Survey, 2011, citée dans Waber B., Magnolfi J. et Lindsay G., octobre 2014, « Workspaces that move people. », *Harvard Business Review.*
114. Waber B., Magnolfi J. et Lindsay G., octobre 2014, « Workspaces that move people. », *Harvard Business Review.*
115. Mesure de surface agraire. En France, l'acre valait 52 ares ; en Grande-Bretagne, elle équivaut à 4 840 yards carrés, soit 40,47 ares, de même qu'au Canada, où elle est divisée en 4 840 verges carrées.
116. Cités dans Waber B., Magnolfi J. et Lindsay G., octobre 2014, « Workspaces that move people. », *Harvard Business Review.*
117. Allen T., 1997, *Managing the Flow of Technology*, MIT Press.
118. *Ibid.*
119. Drucker P., 2017, *The New Society*, Routledge.
120. Étude citée par By Woolley A., Malone T., Chabris C., 16 juin 2015, « Why some teams are smarter than others », *Financial Times.*
121. La notion de quotient émotionnel a été popularisée par Daniel Goleman, notamment dans Goleman D., 2014, *L'intelligence émotionnelle*, J'ai Lu.
122. US Army, 2004, *Be * Know * Do : Leadership the Army Way Adapted from the Official Army Leadership Manual*, John Wiley & Sons.
123. Rapport de l'OCDE, « Élaborer une stratégie en faveur des compétences », OCDE.
124. Compte Personnel de Formation, successeur du DIF ou « droit individuel à la formation ».
125. Op. cit. 75.
126. Gray A., 2016, « The 10 skills you need to thrive in the Fourth Industrial Revolution », WeForum, World Economic Forum.
127. La notion de résilience est issue de la physique et désigne la résistance au choc d'un métal. En psychologie, elle correspond à une capacité à surmonter les chocs traumatiques.
128. Bughin J., Hazan E., Susan Lund S., Dahlström P., Wiesinger A., Subramaniam A., 2018, « Skills Shift – Automation and the Future of the Workforce », *McKinsey Global Institute.*
129. Graham P., 2015, *Hackers & Painters*, O'Reilly. Paul Graham étant lui-même un développeur informatique, inventeur du langage de programmation Lisp, son ouvrage constitue également une très bonne immersion dans l'état d'esprit de celles et ceux qui programment.
130. Morgan G., 1999, *Images de l'organisation*, De Boeck Université.
131. OCM : observatoire-ocm.com/glossaire/
132. Ulrich D. et Yeung A., 2019, *Reinventing the Organization*, Harvard Business Review Press.

Notes de fin

133. Bower M., *Perspective on McKinsey & Company*, McKinsey & Company (document interne).
134. Voir par exemple Bock L., 2015, *Work Rules!,* Twelve. Un livre qui eut un grand retentissement dans la Silicon Valley notamment.
135. Thiel P., 2014, *Zero to One : Notes on Startups, or How to Build the Future*, Currency.
136. *op. cit.* 44.
137. Hunt H., 2018, *Jeff Bezos : In His Own Words*, Surrey Books.
138. Ducrey V., Vivier E., 2019, *Le guide de la transformation digitale*, Eyrolles,
139. http://www.slideshare.net/reed2001/culture-1798664
140. https://facebookcollection.files.wordpress.com/2018/10/facebooks-little-red-book-office-of-ben-barry.pdf
141. Le S&P 500 ou SPX est un indice boursier crée par Standard & Poor's. Il regroupe les 500 valeurs américaines qui sont les plus représentatives de l'économie américaine.
142. Selon Richard Foster et Sarah Kaplan de McKinsey & Company, cités dans O'Reilly III C. et Tushman M., 2016, *Lead and Disrupt*, Stanford University Press.
143. Un avantage compétitif ou concurrentiel est tout ce qui permet à une entreprise de surpasser ses concurrents. Pour aller plus loin, voir Porter M., 2008, *Competitive Advantage : Creating and Sustaining Superior Performance*, Free Press.
144. En 2015, le professeur Horard Yu a été sélectionné par Poets&Quants comme l'un des « 40 meilleurs professeurs de management de moins de 40 ans au monde », et en 2018, il a figuré sur la liste Thinkers50 Radar des trente *management thinkers* « les plus susceptibles de façonner l'avenir de la manière dont les organisations seront gérées et dirigées. »
145. Yu H., 2018, *Leap*, Public Affairs
146. Dobbs R., Manyika J., Woetzel J., 2015, *No Ordinary Disruption*, PublicAffairs
147. Clayton Christensen est un économiste, un universitaire et un consultant américain. Il est connu pour sa théorie de la disruption et figure parmi les *business thinkers* les plus infuents.
148. Osterwalder A., Pigneur Y., Etiemble F. et Smith A., 2020, *The Invincible Company*, Wiley.
149. Cette hypothèse du déni concorde cependant avec le modèle de Kübler-Ross, ou les cinq étapes du deuil, qui postule une série d'émotions ressenties par des malades en phase terminale avant leur mort. Ces cinq étapes sont le déni, la colère, le marchandage, la dépression et l'acceptation. Ce modèle a été transposé au monde du travail et est aujourd'hui largement utilisé pour déterminer dans quelle phase se trouve une entreprise et son management, à la suite d'un choc comme une disruption de son marché ou une uberisation.
150. Guillebeau D., 2016, *Disruption Denial*, LID Publishing Limited.
151. *op.cit.* 120.
152. La notion d'active learning peut être mise en parallèle avec celle d'action learning développée dans les années 70. Voir notamment : Revans R., 1970, *Action Learning*, Blond & Briggs.

153. Dobbs R., Madgavkar A., Barton D., Lahaye E., juin 2012, « The world at work : Jobs, pay and skills for 3.5 people », McKinsey & Company.
154. Des auteurs comme Dave Ulrich ou Daniel Pink appellent de tous leurs vœux les entreprises à suivre cette voie.
155. En réalité, selon une étude du CNRS paru en 2012, un adolescent d'un pays développé, en utilisant les nouvelles technologies (connections à Internet, utilisation de son mobile, téléchargement de musique, visualisation de vidéos, etc.) contribue sans le savoir à polluer autant en une année, qu'un adulte qui conduirait une voiture à essence 168 000 km la même année. Rapport cité dans Montbrial T., *Ramses 2016 – Climat – une nouvelle chance ?*, Dunod.
156. Malala Yousafzai a été prix Nobel de la paix. La jeune femme milite en faveur de l'éducation au Pakistan et a survécu à une tentative d'assassinat par les Talibans.
157. Étude de Sparks & Honey, mentionnée dans Guillebaud D., 2016, *Disputions Denial*, LID Publishing.
158. La notion de *knowledge worker* est un concept central dans la pensée de Peter Drucker
159. L'analyse transactionnelle est une théorie psychologique fondée par le psychiatre Éric Berne dans les années 1960. Elle repose sur le présupposé que chaque personne possède trois facettes qui façonnent sa personnalité : l'enfant, le parent et l'adulte. La méthode qui en découle vise à améliorer les capacités transactionnelles de la personne, c'est-à-dire son aptitude à améliorer les échanges et les comportements qu'il entretient et adopte avec les autres.
160. Brunel V., 2008, *Les managers de l'âme*, La Découverte.
161. Tracy B., 2007, *Eat That Frog*, Berrett-Koehler Publishers.
162. David Allen, est souvent présenté comme le spécialiste mondial de la productivité. Connu pour avoir créé une méthode d'amélioration de la productivité individuelle nommée Getting Things Done (GTD), il est l'auteur de plusieurs livres sur le management.
163. Son livre intitulé La semaine de quatre heures promet à ses lecteurs qu'ils pourront continuer à faire autant de choses en quatre heures plutôt qu'en une semaine, s'ils suivent ses conseils.
164. *op.cit.* 120.
165. Voir Charam R., Senge P., 2006, *The Fifth Discipline : The Art & Practice of The Learning Organization*, Currency
166. Deloitte, mars 2021, *Tendances RH 2021*.
167. Ito J., Howe J., 2016, *Whiplash : How to Survive Our Faster Future*, Grand Central Publishing.
168. Drucker P., 2004, *Managing Oneself*, Harvard Business Review Press
169. Le management a fait preuve d'une telle efficacité que même les états commencent à l'adopter. La notion d'« État manager » est apparue, tandis que le miracle économique de Singapour, orchestré par Lee Kuan Yew, un Premier ministre de 31 ans, est largement attribué au recours à des méthodes empruntées au management. La notion de performance, et surtout de responsabilité de ladite performance, a été instillée dans tout ce pays, initialement faiblement doté en ressources naturelles et devenu une plateforme

économique aves ses aéroports des plus en pointe, ses *skyscrapers* et un écosystème maillé à l'économie mondiale. Voir notamment Hussain Z., 24 mars 2015, « How Lee Kuan Yew Engineered Singapore's Economic Miracles », *BBC News*.
170. Drucker P., 1974, *Management : Tasks, Responsabilities, Practices*, Harper & Row.
171. Le document est mentionné dans Dignan A., 2019, *Brave New Work*, Portfolio Penguin. Il est également facilement consultable sur Internet sur Gutenbert.org notamment.
172. *op. cit.* 66.
173. *op. cit.* 168.
174. Jason Fried est associé fondateur de l'entreprise 37signals dont le principal produit est Basecamp, un outil web de gestion de projets. Célébrité dans le monde numérique, il est surtout connu pour avoir développé sa société et ses produits en mode exclusivement *remote* (télétravail) bien avant que cette forme de travail ne se généralise.
175. Forbes, 2019, Forbes CAC 40 Digital Index, *Forbes*.
176. Ismail S., Malone M., Van Geest Y., 2014, *Exponential organizations*, Diversion Books.
177. Travaux mentionnés dans Brynjolfsson E., McAfee A., 2014, *The second machine age*, W.W. Norton & Company.
178. La notion d'« effet *moonwalk* » est employée dans Loisel A., Vivier E., 2020, *Le guide du futur des RH et du management*, Eyrolles.
179. *op.cit.* 169.
180. Hinssen P., 2017, *The Day After Tomorrow*, Lannoo Campus.
181. *Ibid.*
182. O'Reilly T., 2017, *WTF? : What's the Future and Why It's Up to Us*, Harvard Business.
183. De nombreux projets d'Amazon se sont soldés par des échecs malgré des investissements considérables : Amazon Wallet, Endless.com, Amazon Music Importer, Amazon Local Register, Amazon Destinations, Zshops, Kozmo.com, Amazon Spark, Askville, Amazon Local, Instant Pickup, Dash Buttoms, Testdrive, Auctions, Quidsi, Storybuilder, Webpay, Amazon webstore, Fire Phone, Amazon restaurants.
184. Desai M., 2019, *How Finance Works : The HBR Guide to Thinking Smart About the Numbers*, Harvard Business Review Press.
185. Kelly K., 2016, *The inevitable : understanding the 12 technological forces that will shape our future*, Viking.
186. Whillans A V., 2020, *Time Smart*, Harvard Business Review Press
187. *op. cit.* 135.
188. *op. cit.* 160.
189. Blank S., 2020, *The Startup Owner's Manual*, Wiley
190. C'est en rachetant plus tard la société DoubleClick, pour utiliser son système aujourd'hui connu sous le nom d'AdWords, que Google a commencé à gagner de l'argent.
191. Frey B., 1997, *Not Just for the Money : An Economic Theory of Personal Motivation*, Edward Elgar Publishing.
192. La paternité de cette expression revient à Noam Chomsky. Il l'emploie à propos du travail dans un monde capitaliste. Voir Chomsky N., 2008, *Comprendre le pouvoir*, LUX Éditions.

193. Pierre Yves Senséau, professeur en gestion des ressources humaines à la Grenoble-École de management, cité dans Perroud M., 2018, « Pourquoi les salariés français sont-ils parmi les plus désengagés d'Europe ? », Challenges
194. *op. cit.* 177.
195. Sciences Humaines, *La motivation au travail*, novembre 2018.
196. Scott K., 2019, *Radical Candor*, Saint Martin Press. Dans ce livre, l'auteur qui est une ancienne cadre de Google et de Facebok, où elle a managé avec succès, montre comment mettre en place des relations d'exigence et de respect entre les collaborateurs.
197. *op.cit.* 120.
198. La métaphore de Leontief a fait date : le rôle de l'être humain comme principal facteur de production est voué à diminuer comme celui du cheval dans l'agriculture diminua d'abord avant d'être éliminé par l'introduction des tracteurs.
199. Rifkin J., 1996, *The End of Work : Decline of the Global Labor Force and the Dawn of the Post-market Era*, Warnet Books.
200. Autor D., 2009, *Studies of Labor Market Intermediation*, National Bureau of Economic Research - Conference Report.
201. *op.cit.* 120.
202. Voir Paul Daugherty P. Jim Wilson J., *Human + Machine : Reimagining Work in the Age of AI*, Harvard Business Review Press.
203. Le MIT a fourni les résultats d'un travail conséquent pour recenser les informations nécessaires au fonctionnement d'une entreprise et les meilleures manières de les organiser, puis de mettre en place des process (processus). Voir Malone S., 2003, *Organising Business Knowledge*, MIT Press.
204. Philip Rosedale, fondateur de Second Life et désormais PDG de High Fidelity, adresse chaque trimestre à tous ses salariés ainsi qu'à ses actionnaires un questionnaire ne comprenant qu'une seule question : « Souhaitez-vous que je continue à occuper le poste de CEO de votre société le trimestre prochain ? » Les réponses sont anonymes et se bornent à « oui » ou « non ». Le vote est obligatoire.
205. Dans son livre *Reinventing Organizations*, Frédéric Laloux étudie plus spécifiquement : AES (énergie), BSO. Origin (conseil), Buurtzorg (santé), ESBZ (école), FAVI (production de métal), Heiligenfeld (hôpital psychiatrique), Morning Star (alimentaire), Patagonia (prêt-à-porter), RHD (service à la personne), Sounds True (média), Sun Hydraulics (composants hydrauliques).
206. Professeur de psychologie américain à l'origine d'une théorie en psychologie évolutionniste.
207. Les deux tiers des salariés sont confrontés à des conflits au travail. Ils passent en moyenne trois heures par semaine, soit vingt jours par an, à composer avec de petites tensions voire de véritables confrontations. Selon le premier Observatoire du Coût des Conflits au travail, réalisé par l'institut de sondage OpinionWay. L'étude a été menée en ligne, en septembre 2021, auprès d'un échantillon national représentatif de 974 salariés français du public et du privé.
208. Voir McGregor D., 2005, *The Human Side of Entreprise*, Mc Graw-Hill.

209. Pour comprendre la notion très spécifique d'effet réseau notamment, se reporter à Jouvenot B., 2020, « Uber ou la puissance des effets de réseau », *The Smart Creative* – https://jouvenot.com/leffet-reseau-na-pas-encore-decho/
210. Braudel F., 2014, *La Dynamique du capitalisme*, Flammarion.
211. Le partenariat noué en 2019 entre l'INSEAD et la Singularity University illustre cette imbrication de plus en plus forte entre le monde des affaires et la technologie qui le sous-tend de plus en plus. Voir INSEAD, 20 Août 2019, « Singularity University and INSEAD announce partnership to develop leaders to transform business and society », www.insead.edu.
212. Voir Choudary S. P., 2015, *Platform Scale : How an emerging business model helps startups build large empires with minimum investment*, Platform Thinking Labs, ou encore Van Alstyne M., Parker G., et Choudary S.P., avril 2016, « Pipelines, platforms, and the new rules of strategy », *Harvard Business Review*.
213. Sangeet Choudary fait référence ici à la notion de « chaîne de valeur », un concept clé de la stratégie d'entreprise introduit par Michael Porter, le père de la discipline.
214. Qui concerne les lesbiennes, les gays, les bisexuels et les transgenres.
215. Ici la curation est entendue comme la sélection et mise en valeur (de données, de contenus) sur Internet.
216. IFOP, 2020, « Bonheur, sens du travail et raison d'être : le regard des salariés français sur l'entreprise », en collaboration avec Philonomist.
217. Ministère du Travail, de l'Emploie et de l'Insertion, 2021, Section Santé au travail, Les risques psychosociaux (fiche pratique).
218. Un objectif est dit « SMART » lorsqu'il est Spécifique, Mesurable, Acceptable, Réaliste et Temporellement défini.
219. Doerr J., 2017, *Measure What Matters*, Portfolio.
220. *op. cit.* 233.
221. Bellego M. 2021, *Le travail est malade, il nous fait souffrir*, De Boeck.
222. Association historique des villes marchandes de l'Europe du Nord autour de la mer du Nord et de la mer Baltique.
223. *Zaibatsu* est un terme d'origine japonaise. Il désigne, dans le secteur de l'économie, un grand groupe d'entreprises qui sont présentes dans tous les secteurs. Un *keiretsus* désigne un ensemble d'entreprises, de domaines variés, entretenant entre elles des participations croisées.
224. Cités dans Lang L., Hemerling J. et Bhattacharya J., 2020, *Beyond Great*, PublicAffairs.
225. Relaté dans Ito J., 2016, *Whiplash : How to Survive Our Faster Future*, Grand Central Publishing.
226. Le terme « slasheur » désigne les personnes effectuant simultanément plusieurs métiers et se présentant donc sur les réseaux sociaux notamment avec des slashs. Exemple : Linda : Designer / Rédactrice / Décoratrice d'intérieur.
227. Résultats d'une étude de Deloitte, réalisée en 2020 et mentionnée dans Johnson S.K., 2020, *Inclusify : The Power of Uniqueness and Belonging to Build Innovative Teams*, Harper Buisness.

228. Premier ministre, 2019, « Vers l'égalité réelle entre les femmes et les hommes », Chiffres clés, Secrétariat d'État chargé de l'Égalité entre les femmes et les hommes.
229. Leurs résultats sont exposés dans Barth I., 2018, *Manager dans la diversité*, Dunod.
230. Un mauvais recrutement coûte entre 20 000 et 200 000 €, selon Culture RH. Ready J, 2020, *Combien coûte un mauvais recrutement ? Comment l'éviter ?*, Culture RH.
231. La notion de « biais cognitif » a été développée en 1972 par Amos Tversky et Daniel Kahneman. Sans être appelée ainsi, elle est déjà présente au 18e siècle dans *Le traité de la nature humaine* du philosophe anglais David Hume notamment.
232. Anselem B., Joseph-Dailly, E., 2019, *Les talents cachés de votre cerveau au travail*, Eyrolles.
233. *op. cit.* 214.
234. Ellsworth A., Mendy A., Sullivan G., 23 juin, 2020, « How the LGBTQ+ community fares in the workplace », *McKinsey & Company*.
235. Bourdieu P., 1979, *La distinction*, Les éditions de minuit.
236. Camus A., 2016, *Le premier homme*, Gallimard, Folio.
237. Dans les années 1970, McKinsey & Company a développé le concept du « 9 Box Matrix » pour assister General Electrics dans la priorisation des investissements à travers ses 150 filiales sur la base de deux dimensions : Attractivité et Compétitivité de l'industrie. Quelques années plus tard, la communauté RH a adopté le même concept pour classifier le talent des ressources en remplaçant les deux axes industriels par deux autres spécifiques : Performance et Potentiel.
238. Voir par exemple Valente S., 2021, *Comment trouver sa place quand on ne rentre dans aucune case*, Eyrolles.
239. Études mentionnées dans Barbe M., 2019, *Profession Slasheur*, Eyrolles.
240. Jouvenot B., 2019, « Cumuler les jobs, un métier d'avenir ? », *The Smart Creative.*
241. Hsieh T., 2011, *Delivering Happiness : A Path to Profits, Passion, and Purpose*, Grand Central Publishing
242. Voir par exemple Perrotte D., 20 mars 2005, « Les recettes de réussite de Jack Welch », Les Échos.
243. Gallup, 2018, *State of the Global Workplace 2017-2018.*
244. Frimousse S., Peretti J-M., 2020, *Les répercussions durables de la crise sur le management*, dans Question(s) de management (n° 28), EMS Éditions.
245. Harter J., 2006, *12: The Elements of Great Managing*, Gallup Press.
246. Agence Nationale pour l'Amélioration des Conditions de travail.
247. Cass. Soc., 10 novembre 2009, n° 07-45.321
248. Armand M., 28 avril 2021, « Michelin veut se débarrasser de ses manageurs "toxiques" », Le Monde.
249. Hirigoyen M-F. 2017, *Le harcèlement moral au travail*, Que sais-je ?
250. INRS, 2007, *Le coût du stress professionnel en France*, INRS.
251. *op. cit.* 253.
252. Gallup, 2019, *State of the Global Workplace*, Gallup
253. Gartner, avril 2015, *How To Get Your Customer Service Employees to Care About the Customer*, Gartner Group.

254. Jouvenot B., 2 janvier 2020, « Et s'il valait mieux être monotâche ? », *Harvard Business Review.*
255. *op. cit.* 213.
256. Jouvenot B., 2021, « Au travail, la sécurité psychologique n'a jamais été aussi indispensable », Interview d'Amy Edmondson, *The Smart Creative.*
257. D'après Doerr J., 2017, *Measure What Matters*, Portfolio.
258. Drucker P., 1993, *The Future Which Already Happened*, The Ecological Vision.
259. La société japonaise Kongō Gumi est la plus ancienne entreprise au monde. Elle a été créée au 5e siècle en rénovant des temples bouddhistes. Elle a été rachetée en 2006 par le groupe de construction Takamatsu.
260. *op. cit.* 148.
261. *op. cit.* 44.
262. Christensen C., 2016, *The Innovator's Dilemma*, Harvard Business Review Press.
263. O'Reilly III C. et Tushman M., 2016, *Lead and Disrupt*, Stanford University Press.
264. Caroll P., Mui C., 2009, *Billion Dollar Lessons : What You Can Learn from the Most Inexcusable Business Failures of the Last 25 Years*, Portfolio
265. Le *test and learn* désigne une approche de développement des nouveaux produits consistant à effectuer une succession de tests destinés à permettre l'apprentissage afin, par itérations successives, d'aboutir à un résultat satisfaisant. Le *fail fast* désigne une pratique très en vogue dans le monde numérique, consistant à chercher à repérer le plus tôt possible (*fast*) si l'on s'est trompé (*fail*) pour que cela coûte le moins cher possible.
266. World Resources Institute, cité par Arthur D. Little - www.adlittle.com/en/services/sustainability
267. La Banque mondiale, cité par Arthur D. Little - www.adlittle.com/en/services/sustainability
268. Hutchinson R., Shandal V., Wallenstein J., Wiseman M., Young D., Berz K., 31 août 2021, « Six Steps to a Sustainability Transformation », *Boston Consulting Group.*
269. Hart O., Zingales L., 2017, « Serving Shareholders Doesn't Mean Putting Profit Above All Else », *Harvard Business Review.*
270. Zühlke H., Ermer M., Böhler C., Ruf Y., 28 mai 2020, « A framework for a holistic approach to corporate sustainability », Roland Berger.
271. La notion de *Core business* désigne l'activité principale de l'entreprise.
272. *op. cit.* 160.
273. Voir la section Sustainable du Hub Institute : hubinstitute.com/derniers-articles/sustainable
274. Le livre *Dopez votre stratégie digitale* de Bertrand Jouvenot, Eyrolles 2019, permet de comprendre que les grands cabinets de conseil en stratégie ne sont pas parvenus à imposer leurs vues et leurs méthodologies parmi une foison d'autres approches issues des acteurs digitaux eux-mêmes.
275. Le monde est devenu plus transparent à une nuance près : la transparence est technologique plus qu'interpersonnelle. Néanmoins, la vitesse de circulation des informations et leur propagation massives via les réseaux sociaux somment les entreprises

d'être transparentes non seulement sur ce qu'elles font (le quoi), mais aussi sur le comment elles le font. En 1997, le cas de Nike a créé un précédent marquant : une campagne publique avait révélé les déplorables conditions de travail dans ses usines. Elle alimentera à l'époque un mouvement anti-globalisation porté par le livre *No Logo* de Naomi Klein.
276. Chau V., Shandal V., Beal D., Tauber L., Woods W., Young D., 7 avril 2020, « Unlocking Tomorrow's ESG Opportunities », BCG.
277. Résultats de recherche des travaux de David McClelland, psychologue à Harvard, cité dans Goleman D., 2000, « Leadership That Gets Results », *Harvard Business Review.*
278. Le terme d'« énantiosémie » a été introduit par Roland Barthes. La langue française comprend également des mots entrant dans cette catégorie linguistique. Les plus connus sont : l'hôte (à la fois l'inviteur et l'invité, le verbe louer (pouvant correspondre à l'action d'un locataire et d'un loueur), personne (quelqu'un ou au contraire l'absence de personnes).
279. Voir Maxwell J., 2007, *21 Irrefutable Laws of Leadership*, HarperCollins.
280. Gandhi M, 2018, *L'Histoire de mes Expériences avec la Vérité*, Discovery Publisher.
281. de Gaulle C., 2010, *Mémoires de guerre*, Pocket.
282. Schickel R., 2019, *The Disney Version : The Life, Times, Art and Commerce of Walt Disney*, Simon & Schuster.
283. Joly H., 2021, *The Heart of Business : Leadership Principles for the Next Era of Capitalism*, Harvard Business Review Press.
284. Robert McNamara a été secrétaire de la défense américaine de 1961 à 1968 et est surtout connu pour son rôle dans l'engagement des États-Unis dans la guerre du Viêt Nam.
285. Maslow A, 2018, *A Theory of Human Motivation*, Wilder Publications.

Dépôt légal : septembre 2022 – N° éditeur : DBSSI20210526
Achevé d'imprimer en août 2022 en France par Présence Graphique - Monts

IMPRIM'VERT

PEFC™ 10-31-2677